사랑을
물어봐도
되나요?

사랑을 물어봐도 되나요?

– 십대가 알고 싶은 사랑과 성의 심리학

2010년 4월 30일 1판 1쇄
2022년 5월 10일 1판 12쇄

지은이 이남석
그린이 소복이

편집 정은숙, 서상일 **교정** 송혜주 **디자인** 이혜연
제작 박흥기 **마케팅** 이병규, 양현범, 이장열 **홍보** 조민희, 강효원
출력 블루엔 **인쇄** 천일문화사 **제본** J&D바인텍

펴낸이 강맑실 **펴낸곳** (주)사계절출판사 **등록** 제406-2003-034호
주소 (우)10881 경기도 파주시 회동길 252
전화 031)955-8558, 8588 **전송** 마케팅부 031)955-8595 편집부 031)955-8596
홈페이지 www.sakyejul.net **전자우편** skj@sakyejul.com
블로그 blog.naver.com/skjmail **트위터** twitter.com/sakyejul
페이스북 facebook.com/sakyejul

ISBN 978-89-5828-475-8 43180

사랑을
물어봐도
되나요?

십대가 알고 싶은 사랑과 성의 심리학

사□계절

등장인물

아빠　나　언니 엄마

차례

1장

사랑을 물어봐도 되나요?

　내 이름은 이규린입니다. 중학교 1학년 학생이에요. 그런데 엄마는 나를 그냥 중학생이라고 하지 않고 다른 사람들에게 이렇게 말한답니다.

　"우리 딸이요? 내후년에 중3이에요. 곧 고등학교에 들어가는데, 어떻게 하면 공부를 잘할 수 있을까 걱정이에요. 다들 과학 고등학교니 외국어 고등학교니 하며 열심인데, 우리 애는 도무지 생각이 없어요. 자기가 알아서 한다고만 하고……."

　엄마한테는 지금 내가 중학교 1학년인 것보다 내후년이 더 중요한가 봐요. 엄마는 꼭 이런 식이에요. 올해보다는 다음 해, 다음 해보다는 그다음 해, 그다음 해보다는 또 그다음 해, 이런 식으로 가다 보면 엄마가 가장 중요하게 생각하는 고등학교 3학년이 나와요. 엄마는 그때를 위해서 지금 내가 해야 할 일을 정해 줘요. 내가 따로 하고 싶은 것을 이야기하면 엄마는 지금 그런 건 다 중요하지 않대요. 엄마 머릿속에는 오로지 공부밖에는 없나 봐요.

"넌 나중에 뭐가 되려고 그러니? 지금이 얼마나 중요한 시기인데……"

이렇게 공부 말고는 무슨 말이든 막아 버리는 엄마에게 나는 점점 말하지 못하는 이야기들이 많아진답니다.

얼마 전 엄마와 함께 텔레비전 드라마를 보는데 이런 일이 있었죠. 남자 주인공과 여자 주인공이 눈물을 펑펑 쏟으며 이별하는 장면이 나왔어요. 내가 좋아하는 남자 배우가 너무 슬프게 우는 모습을 보니까 나도 슬퍼져서 따라 울었어요. 하지만 드라마에서 보여 주는 상황이 이해가 되지 않았어요. 서로 사랑하는 사람들이 사랑하기 때문에 헤어진다고 하니까요. 그냥 둘이 손 꼭 잡고 서로 감싸 주며 잘 살면 되는 거 아닌가요? 그래서 동화에서처럼 행복하게 잘 사는 것으로 끝나면 좋잖아요. 하지만 결국 드라마는 슬프게 끝났어요. 나는 이렇게 드라마를 만든 사람들이 미웠어요. 내 생각에는 사랑하면 행복하기만 할 텐데, 그리고 사랑은 위대해서 모든 것을 다 이겨 낸다고 하던데, 왜 드라마나 영화에서는 슬픈 사랑 이야기를 많이 보여 주는지 통 알 수가 없었어요.

옆을 봤더니 엄마도 눈물을 흘리고 있었어요. 엄마는 내가 쳐다보는 것을 느꼈는지 내 앞쪽으로 나가 앉았어요. 엄마와 아빠는 우리들 앞에서 우는 것을 안 보여 주려고 해요. 하지만 그래 봐야 소용 없지요. 엄마가 훌쩍거리는 소리가 계속 들렸거든요. 좀처럼 엄마는 울음을 멈추지 않았어요. 나는 엉덩이를 밀면서 슬금슬금 앞으로 나갔어요. 그리고 몸을 돌려 엄마 앞에 앉았습니다. 엄마는 텔레비전을 가리고 앉은 나를 보면서 퉁명스럽게 말했어요.

"뭘 보니?"

"엄마, 그런데 첫사랑은 원래 안 이뤄져?"

드라마 속 주인공이 했던 말을 엄마에게 물어보았습니다.

"흔히 그렇지."

엄마는 천천히 고개를 끄덕였어요. 나는 또 조심스럽게 엄마에게 물었습니다.

"엄마도 그랬어?"

"아니, 얘가?"

엄마는 버럭 소리를 질렀습니다. 방금 전까지 울던 사람 같지 않게 말이에요. 그러고는 벌떡 일어나 방으로 들어가면서 한마디 덧붙였습니다.

"쓸데없는 소리 하지 말고, 내일 학교 갈 준비나 해 놔."

쓸데없는 소리라니요? 행복하기 위해서 가장 필요한 것이 사랑이라면서요? 학교에서도 성교육 시간에 사랑이 중요하다고 말하면서 막상 사랑에 대해 알려 주지는 않아요. 매년 배우지만 진도가 안 나가고, 시험도 안 보는 것은 성교육이 거의 유일할 듯해요. 지금도 일 년에 한 번은 성교육 선생님이 학교에 와서 강의를 해요. 그런데 초등학교 때부터 매번 들어서 다 알고 있는 내용이에요. '저 정도만 알아도 된다면 무엇 때문에 청소년 성 문제가 끊이지 않고 생기는 걸까?' 하는 생각이 들었어요. 그래서 이때다 싶어 엄마에게 사랑에 대한 이야기를 들으려고 했는데, 괜히 핀잔만 들어서 속상했어요. 평소 같았으면 대거리를 했겠지만 보아하니 그랬다가는 엄마한테 크게 혼날 것 같아 참았습니다.

엄마는 내가 초등학교 다닐 때와는 다르게 매우 예민해졌어요. 내가 이것저것 궁금한 걸 물어보면, 엄마는 사춘기라서 그런 거라며 나중에 나이가 들면 저절로 다 알게 된다고만 말하면서 대답을 피해요. 사춘기? 맞아요. 친구들도 다 사춘기래요. 그런데 그게 뭔지 정확히 모르겠어요. 사춘기 소녀라지만 정작 우리는 사춘기가 뭔지 잘 몰라요. 그냥 궁금한 것이 많아지고, 마음이 확확 바뀌는 시기인가 짐작할 뿐이에요.

나는 어느덧 생리도 하게 되었고, 몸에도 큰 변화가 생겼어요. 마음도 많이 변한 것 같아요. 이상하게 드라마나 영화를 봐도, 또 노래를 들어도 사랑 이야기가 더 끌려요. 그리고 어떻게 사랑하면 되는지 궁금해졌어요.

사랑에 대해서 배운 적이 없냐고요? 동화책에서 서로 사랑하는 왕자와 공주 이야기는 많이 읽었어요. 학교에서는 이웃을 사랑하고 친구를 사랑하며 나라를 사랑하라고 배웠고요. 그런데 사랑에 대해서 뭔가를 알고 있는 것 같지는 않아요. 사랑하는 사람을 만나게 되면 무엇을 어떻게 해야 하는지, 또 사랑이 무엇인지 생각하면 마음이 조금 불안해져요. 꼭 주사 맞기 전 줄 서 있을 때와 같은 느낌이에요.

학교 선생님한테 남자와 여자 사이의 사

우리는 서로 깊이 사랑해. 영원히~

그래?

랑에 대해서 물어보면, 엄마와 마찬가지로 때가 되면 저절로 알게 될 거라고 말해요. 아름다운 사랑 이야기를 담은 동화책을 권해 주시기도 하고요. 그런 것을 읽으면 감동을 받으니까 좋기는 한데, 사랑이 저 먼 곳에 있는 것 같은 기분이 들어요. 그래서 어떻게 하면 그런 사랑을 할 수 있는지 물어본 적도 있어요. 선생님께서 남자 친구 때문에 고민이 있냐고 하면서 남자와 여자의 성기가 그려진 성교육 책을 주셨을 때는 정말 어리둥절했답니다. 그 책에는 내가 궁금하던 내용이 없었거든요.

나는 '남자와 여자의 몸이 어떻게 다른가?', '아기가 어떻게 태어나는가?' 하는 것이나, '성병에 걸리지 않은 방법' 같은 것이 궁금한 게 아니에요. 사랑이 도대체 어떤 것인지 궁금했거든요. 그런데 사랑이 무엇이라고 속 시원하게 말해 주는 사람이 없으니 답답할 수밖에요.

그래서 나는 인터넷에 접속해 "사랑은 무엇인가요?"라는 질문을 올려 봤어요. 하지만 사람들이 써 놓은 대답은 너무 성의가 없었어요. 찬송가나 유행가 가사를 그대로 옮긴 사람도 있어 기가 막혔습니다. 어떤 사람은 다음과 같이 백과사전에 나온 뜻풀이를 그대로 올리기도 했어요.

> 사랑 : 인간의 근원적인 감정으로 인류에게 보편적이며, 인격적인 교제나 가치의 교제를 가능하게 하는 힘이다.

또 어떤 사람은 여러 철학 책을 뒤져서 다음과 같이 작성해 놓았더군요.

- 2500년 전쯤 중국에 살았던 묵자(墨子)는 모든 사람을 차별 없이 사랑하고 보살피라 했다. 또한 자기 자신을 사랑하듯이 남을 사랑하라고 한 묵자의 가르침은 예수의 생각과도 비슷한 면이 있다.
- 서양에서 사랑(스페인어 amor, 프랑스어 amour, 이탈리아어 amore)이라는 말은 사랑, 애정, 강렬한 욕망을 뜻하는 라틴어 'amor'에서 유래했다. 사랑은 두 사람 사이의 육체적, 정신적 애정이다. 철학적으로 보면 사랑은 다른 것과 합일하려는 경향, 즉 하나가 되려는 경향이다.

이런 것들이 모두 사랑의 뜻을 풀이한 거라고 하는데 나는 무슨 말인지 통 이해가 되지 않았습니다. 나는 남자와 여자 사이의 사랑에 대해서 물어보았는데, 더 넓은 뜻의 사랑을 이야기하는 것 같았어요. 엄마도 선생님도 인터넷도 아니면 누구에게 사랑을 물어봐야 할까요? 어른들 말처럼 때가 되면 저절로 알게 될 테니, 조바심 내지 말고 그냥 가만히 있어야 하나요? 다른 것은 미리미리 알아서 공부하라고 하면서 체험 교육까지 시키는 판에, 왜 사랑은 지금 알 필요가 없다고 말하는 건가요? 나는 다시 인터넷에 접속해 이렇게 물어보았습니다.

> **Q** 사랑은 무엇인가요? 남자와 여자 사이의 사랑에 대해서만 말씀해 주세요.

우수 답변자에게 줄 점수도 많이 내걸었습니다. 그래서인지 지난번과는 다른 답이 많이 올라왔습니다. 그런데 내용을 정리해 봤더니 대부분 '사랑은 다른 사람을 아끼거나 그리워하는 마음'이라는 겁니다. 나도 중학교에 진학하면서 헤어진 초등학교 친구들을 그리워하고 있는데, 그럼 그게 사랑이란 말인가요? 친구를 사랑한다는 말이 있기는 하지만, 친구끼리는 우정이라는 말이 더 어울리지 않나요? 사랑과 우정이 같은 것일까요? 만약 다르다면 어떻게 다를까요? 나는 인터넷에 바로 질문을 올렸습니다.

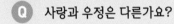 **사랑과 우정은 다른가요?**

친구는 내가 좋아하는 사람이다.

또 나를 좋아해 주는 사람이다.

친구와는 비밀을 나눌 수 있고,

속닥 속닥

나를 도와주기도 한다.

규린이가
이거
전해 주래.

그럼... 사랑은?

2장

사랑과 우정은
다른가요?

　많은 사람들이 우정(友情, friendship)은 한자나 영어에 '벗'이라는 말이 모두 들어가 있는 것처럼 '친구 사이의 정'이라고 대답을 했습니다. 그리고 사랑은 '상대방을 열렬히 좋아하는 마음'이라고 했습니다. 우정의 대상인 친구보다 사랑의 대상인 애인에게 더 강렬한 감정을 느끼는 것이 다르다고 했습니다. 나는 아직 애인이 없어 이 둘을 비교해서 확인할 수가 없지만, 친구는 많으니 정말 그런 것일까 생각해 보았습니다. 머릿속으로 친구의 모습을 떠올리는 것만으로도 기분이 좋아졌습니다. 나는 '친구'란 무엇일까 생각해 보았습니다.

　'친구는 내가 좋아하고, 또 나를 좋아해 주는 사람이다. 나와 함께 놀고, 내 생각과 비밀을 나눌 수 있는 사람이다. 때로는 다투기도 하지만 대부분 나와 비슷한 것을 좋아한다. 내가 친구에게 잘해 주면 친구도 내게 잘해 준다. 내가 힘든 일이 있으면

나를 돕기도 한다.'

　우정이 '친구 사이의 정'이라면 내가 친구와 나누는 마음을 말하는 게 틀림없습니다. 친구를 떠올리면 마음이 따뜻해지고 든든하고 행복하니까요. 그렇다면 사랑을 하면 이런 감정이 어떻게 달라질까요? 드라마나 영화를 보면 사랑하는 사람끼리도 진실한 우정을 나누는 친구들이 그렇듯이 잘해 주고, 힘든 일이 있으면 돕기도 하잖아요? 이렇게 서로 의지하며 정을 나누는 모습만 보면 사랑과 우정은 그다지 차이가 없는 것 같아요. 그런데 정말 사랑이 우정과 거의 똑같고, 서로 키스하고 몸을 만지고 싶어 하는 정도의 차이밖에 없는 것일까요? 나는 혹시 내 질문에 답이 될 만한 것은 없을까 하고 지식 검색 사이트에 먼저 올라와 있는 글을 하나하나 살폈습니다. 그중에 '황금변가지'라는 아이디를 쓰는 사람이 쓴 글을 읽었습니다.

사랑은 우정보다 더 복잡하다[1]

ID : 황금변가지

우정이나 사랑 모두 상대방을 좋아하는 감정, 즉 호감(好感)이라는 점에서는 똑같습니다. 하지만 사랑은 우정보다 더 복잡한 감정입니다. 미국 하버드대학교 심리학과의 직 루빈(Zick Rubin) 교수는 설문지를 만들어 사랑과 호감을 구별하기도 했습니다. 루빈 교수의 설문지 중 대표적인 문항을 뽑은 다음 표를 보시면 사랑과 호감의 차이를 느낄 수 있을 것입니다.

밑줄 친 부분에 여러분이 마음에 두고 있는 상대방의 이름을 넣어서 생각해 보세요. 그 사람이 친구인지 애인인지 구별할 수 있을 것입니다.

사랑

1) 나는 _____를 독차지하고 싶다.

2) 나는 _____를 위해서라면 뭐든지 할 수 있다.

3) 나는 _____에게서 그의 비밀 이야기를 들을 때면 아주 즐겁다.

호감

1) 나는 _____가 아주 좋은 사람이라고 생각한다.

2) 나는 책임 있는 자리에 _____를 추천할 수 있다.

3) 나는 _____가 내리는 판단을 신뢰한다.

사랑과 우정의 차이를 눈치 챘나요? 직 루빈 교수는 사랑이 상대방을 좋아하고 믿는 감정 이외에 '애착', '배려', '친밀감'의 세 요소로 이뤄져 있다는 것을 밝혔습니다.

애착은 인정받고 싶고, 신체 접촉을 주고받고 싶은 욕구입니다. 사람은 사회적 동물이어서, 천성적으로 외로움을 견디기 힘들어합니다. 그래서 늘 누군가가 곁에 있어 주기를 바랍니다. 그리고 이왕이면 그 사람이 자신을 특별하게 여겨 주기를 바랍니다. 그와 더불어 자기도 상대방에게 특별한 사람이 되고 싶어 하지요. 만약 사랑에 빠진다면 상대방과 재미있게 웃고 떠들다가 헤어지는 것에 만족하지 못합니다.

그저 정을 나누는 친구라면 그 정도로 만족하겠지만, 사랑에 빠졌으니 더 많은 것을 나누고 싶어 합니다. 손이라도 한 번 더 잡고 싶고, 누구보다도 더 은밀하게 다가가고 싶어 합니다.

배려는 자신의 행복과 욕구뿐만 아니라 다른 사람의 행복과 욕구도 존중해 주는 마음입니다. 만약 애착이 강해서 자기 욕심만 채우려 한다면 어떻게 될까요? 싫다고 하는 상대방에게 억지로 키스를 하려고 하다가는 성추행범 취급을 받게 될 것입니다. 상대방의 기분은 생각하지도 않고 사랑한다며 졸졸 쫓아다닌다면 스토커 취급을 받게 되고요. 서로 사랑을 나누는 사이가 되려면 상대방이 자신을 사랑할 때까지 기다릴 줄 알아야 합니다. 그리고 상대방의 행복을 위해 노력할 줄도 알아야 합니다. 상대방이 힘들어하면 도와주고 원하는 것이 있으면 구해 줄 줄 알아야 사랑이 생기고 또 유지될 수 있습니다. 뒤집어 말해 이런 배려가 있어야 사랑이라고 할 수 있습니다. 첫눈에 반했다며 무턱대고 자기 뜻대로 밀어붙이기만 하면 올바른 사랑이라고 할 수 없습니다.

친밀감은 상대방과 감정이나 생각, 욕망을 나누는 것을 의미합니다. 친구 사이에도 감정을 나누고 생각을 나누기는 합니다. 그리고 맛있는 것을 먹고 싶어 하고 재미있는 것을 보고 싶어 하는 욕망도 함께 나눕니다. 하지만 친구와 나눌 수 있는 욕망은 어느 정도 제한되어 있습니다. 평생을 함께하자는 약속인 결혼처럼 인생에서 가장 중요하게 추구하는 욕망이나 성욕처럼 가장 은밀한 욕망은 사랑하는 사람하고만 함께하려고 합니다.

위에서 사랑의 설문 문항 가운데 1번이 애착에 해당하고, 2번은 배려, 3번은 친밀감에 해당하는 질문임을 알 수 있습니다. 호감의 설문 문항과 비교해 보면 알 수 있지만, 사랑과 호감은 아주 다릅니다.

우리는 흔히 유명 인사를 사랑한다고 말은 하지만, 사실은 존경하고 좋아하는 수준에서 멈추는 것이 대부분입니다. 진짜 애인처럼 사랑하는 것은 아닙니다. 친구에게 애착이 있다고 말을 해도 포옹 정도를 생각하지, 키스와 같은 깊은 신체적 접촉을 생각하지는 않습니다. 사실 우리는 친구 사이에도 애착이나 배려라는 말을 씁니다. 그렇지만 사랑의 설문 문항에 보이는 것처럼 애착이나 배려는 친구 사이에서 나누는 것보다 훨씬 구체적이고 강렬한 감정이라는 사실에 주의를 기울여야 합니다.

이렇듯 사랑과 우정은 차이가 있지만, 둘 다 좋아하는 감정이 바탕이 되어 있기 때문에 우정에서 사랑으로 발전할 수 있습니다. 좋아하는 감정이 있으면 그 사람을 계속 만날 것입니다. 그러면 호감을 넘어 사랑의 요소를 발견할 기회도 많아집니다. 즉, 사랑할 확률이 커지는 것입니다.

하지만 잊지 말아야 할 것이 있습니다. 단순히 좋아하는 마음으로 오랫동안 만난다고 사랑이 이뤄지는 것은 아닙니다. 오랫동안 만나면 친밀감이 강해지지만, 사랑은 애착과 배려라는 다른 두 가지 요소가 함께 있어야만 합니다. 어느 하나만 빠져도 그것은 진정한 사랑이 아닙니다. 사랑의 허울을 쓴 은밀한 욕망이거나 아주 깊어진 우정을 오해한 것이거나, 아니면 복잡한 이유로 생긴 일시적 감정일 뿐입니다.

직 루빈 교수의 사랑에 대한 이론을 읽으니 사랑과 우정의 차이를 좀 더 잘 알 수 있었어요. 그저 사랑이 우정보다 더 강렬한 감정일 뿐인 게 아니라, 애초에 사랑의 요소가 우정과는 다르다는 것을 알게 되었지요. 하지만 아직도 사랑이 무엇인지는 확실히 알 수 없었어요.

그런데 '황금변가지'의 글 아래에 '스턴버그 사랑'이라는 아이디를 쓰는 사람이 달아 놓은 댓글이 보였어요.

사랑은 삼각형이다[2]

ID : 스턴버그 사랑

'황금변가지' 님은 직 루빈 교수의 사랑의 이론을 소개하셨네요. 저는 미국 예일대학교 심리학과의 로버트 스턴버그(Robert Sternberg) 교수의 사랑의 이론을 소개할게요. 스턴버그 교수는 다중 지능, 창의성, 유추, 인지 스타일, 사랑 등 다양한 주제에 대해 연구를 한 분이라서 그의 연구만 다 읽어도 웬만큼 심리학을 통달할 수 있을 정도지요. 스턴버그 교수도 루빈 교수처럼 사랑의 세 요소를 이야기해요. 하지만 루빈 교수의 이론을 비롯해 사랑에 대한 기존 이론을 모두 합쳐서 한 차원 높게 설명한다는 점에 주목하세요.
스턴버그 교수는 정열, 친밀감, 헌신의 세 요소로 이루어진 삼각형으로 사랑을 설명합니다.

사랑의 삼각형

정열은 낭만적인 감정이 뿜어져 나오는 원천입니다. 만화 영화를 보면 처음 만난 사람들끼리 눈에서 하트 표시가 송송 나가는 장면이 있지요? 이런 일이 벌어지는 것은 한순간에 사랑의 불꽃을 폭발시키는 화약과 같은 정열을 느끼기 때문입니다. 정열은 연애 소설에서 흔히 볼 수 있는 것처럼 닭살 돋는 행동도 마다하지 않게 만드는 강력한 힘을 가지고 있지요.

하지만 이 힘은 오래가지 않는다는 단점이 있어요. 그래서 정열만 가지고 사랑을 한다면, 시간이 흐를수록 사랑은 차츰 줄어들게 되지요. 짝사랑도 정열만 있는 사랑이에요. 오랜 시간이 흘러도 가슴이 떨리는 짝사랑도 있기는 하지만, 그래도 시간이 지나면 사랑하는 정도가 줄어드는 것은 이 때문이에요. 여러분도 드라마나 영화에서 처음에는 열렬히 사랑했지만 나중에는 그냥 별 재미없이 사는 부부의 모습을 본 적이 있을 거예요. 정열만 가지고 결혼했기 때문에 정열이 식으면서 서로 사랑하지 않게 된 경우지요. 그러니 사랑이 계속 유지되려면 다른 사랑의 요소가 있어야 합니다.

친밀감은 상대방을 동료로서 느끼는 감정이에요. 흔히들 부부를 인생의 동반자라고 이야기하지요. 상대방에 대한 신뢰, 상대방을 행복하게 해 주고 싶은 마음, 상대방에게 이해받고 싶은 마음과 자신이 상대를 가장 잘 이해한다는 느낌이 바로 친밀감의 핵심을 차지합니다. 이런 친밀감은 함께하는 경험이 늘어날수록 커지지요. 그래서 정열과는 반대로 친밀감은 시간이 흐를수록 커져 둘의 관계를 더 굳건하게 만든답니다.

그렇지만 친밀감만 가지고 산다면 어떨까요? 그것은 우정이나 다름없어요. 사랑 특유의 재미나 행복감은 없겠지요.

헌신은 자신의 사랑에 대한 책임감을 뜻합니다. 자기가 사랑하기로 결심한 것에 대한 약속을 지키는 것이지요. 사랑하는 사람보다 더 멋진 사람이 나타났다고 배신하지 않는 것은 그 사람의 마음속에 헌신이 있기 때문입니다. 심지어 사랑하는 사람이 죽었는데도 그 사랑을 계속 지키며 사는 사람도 있지요.

이처럼 멋진 것이 헌신이지만, 헌신만 있다면 공허함을 느끼게 돼요. 공허함은 너무 깊은 슬픔이기 때문에 사람들은 피하려고 합니다. 그래서 관계가 깨지는 경우도 있습니다. 헌신만 가지고서는 자신과 상대방을 사랑의 불씨로 계속 따뜻하게 하기 힘들기 때문에 결국 둘 사이가 깨지는 것이지요.

스턴버그 교수는 정열, 친밀감, 헌신이라는 사랑의 세 요소가 균형 있게 자리를 잡아야 올바른 사랑이 이뤄진다고 주장해요. 정열만 있으면 일시적인 사랑으로 그치고, 친밀감만 있으면 우정과 별 차이가 없게 돼요. 그리고 헌신만 있으면 상대방에 대한 낭만적 감정이 없는 상태에서 의무를 묵묵히 수행하듯이 사랑을 하게 됩니다. 이 세 요소가 함께 있어야만 서로 애틋이 여기면서 행복한 사랑을 나눌 수 있다는 것이지요. 저는 개인적으로, '사랑의 삼각형'의 모양이 이등변삼각형이나 다른 형태의 삼각형보다는 정삼각형일 때 가장 행복하지 않을까 싶어요. 사람이 모든 것을 갖추기가 힘들고 꼭지점마다 느껴지는 의미가 다르니까 딱히 뭐라고 주장할 수는 없겠지만요.

스턴버그 교수의 이론을 읽으며 '아, 사랑이 이런 거구나!' 하고 나도 모르게 고개를 끄덕였습니다. 그런데 그 글 밑에도 짧은 댓글이 달려 있었어요.

우정이 사랑보다 꼭 못한 것은 아니다

ID : 보리 오빠

● 인간이 육체를 가진 이상 낭만적 사랑은 언제나 필요하다. 그러나 영혼을 깨끗하게 성장시키기 위해서는 우정이 필요하다. – 헤르만 헤세(Hermann Hesse)

● 참된 우정은 건강과 같다. 즉, 잃기 전까지는 우정의 참된 가치를 절대 깨닫지 못한다. – 찰스 칼렙 콜튼(Charles Caleb Colton)

나는 '보리 오빠'의 글을 읽고, 사랑과 우정은 서로 다르지만 사랑은 사랑대로 우정은 우정대로 우리 삶을 풍성하게 해 주는 소중한 감정이라고 생각했습니다.

3장

사랑을 그림으로
그리면 어떻게 되나요?

사랑은 눈에 보이지 않습니다. 그래서 아무리 뜻을 풀이해 줘도 이해하기 힘들었어요. 그런데 스턴버그 교수처럼 그림을 그려서 설명해 주니 이해하기 편했습니다. 이참에 사랑에 대해서 더 잘 이해하고 싶어졌어요. 사랑을 그림으로 설명하는 사람이 또 없는지 궁금했습니다. 나는 지식 사이트에 질문을 또 올렸습니다. 사랑을 그림으로 그리면 어떻게 되는지 알려 달라고.

그림을 물어봐서 그런지 화가를 소개하는 글들이 많이 올라왔습니다. 그중에 내 마음을 움직인 글이 있었어요.

둘이 하나로 결합되는 그림이 사랑의 모습입니다

ID : 금여우 은여우

사랑이라고 하면 어떤 장면이 떠오르세요? 저는 각자 다른 부모에게서 태어나 다르게 살아온 두 사람이 하나로 합쳐지는 모습이 떠올라요. 신화에서도 전혀 다른 성질을 갖고 있는 존재들이 결합하는 것으로 사랑을 이야기하잖아요. 화가들은 그런 신화에 바탕을 두고 자신이 생각하는 사랑을 그림으로 그렸습니다. 저는 여러 그림 중에서 에드바르트 뭉크(Edvard Munch)가 1907년에 그린 〈에로스와 프시케〉(Amor and Psyche)를 가장 좋아합니다.

에로스라는 말은 다들 아실 거예요. 그런데 그게 어떤 신화에서 어떻게 나온 말인지 모르는 분이 의외로 많더라고요. 그래서 제가 손가락 운동도 할 겸 타이핑 좀 해 보겠습니다.

뭉크의 그림 속 주인공인 에로스와 프시케는 모두 그리스 신화에 나오는 인물입니다. 아름다움의 여신이자 사랑과 풍요의 여신인 아프로디테는 자신의 아름다운 모습에 자부심이 대단했지요. 그런데 언제부터인가 사람들은 어느 왕국의 셋째 공주인 프시케가 세상에서 가장 아름답다고 말하기 시작했습니다. 그 말을 들은 아프로디테는 화가 났습니다. 아프로디테는 신이지만, 인간과 마찬가지로 질투심을 느꼈거든요. 아프로디테는 어떻게 했을까요? 그녀는 인간인 저는 상상도 못할 일을 벌였답니다.

아프로디테는 아들처럼 여기는 에로스를 불렀습니다. 에로스는 사랑의 화살을 쏴서 사람들을 사랑에 빠지게 하는 일을 주로 하고 있었어요. 아프로디테는 사랑의 화살을 쏴서 프시케를 세상에서 가장 못난 남자와 결혼하게 만들라고 에로스에게 명령을 내렸어요. 에로스는 곧바로 활을 메고 프시케한테 달려갔습니다. 그런데 막상 활을 당기려는 순간 에로스는 그만 프시케의 아름다움에 마음을 뺏기고 말지요. 신도 어쩔 수 없었던 거예요.

에로스는 아프로디테의 명령을 어기고 아무도 프시케를 건드리지 못하게 했어요. 사랑에 빠진 에로스는 결국 프시케와 몰래 결혼을 해서 프시케를 산꼭대기에 있는 왕궁에서 살게 했지요. 그리고 밤마다 프시케한테 찾아갔어요. 그런데 에로스는 자신의 모습을 숨기기 위해 절대로 불을 켜지 못하게 했답니다. 프시케는 에로스의 모습을 보고 싶어 했지만, 에로스는 불행이 찾아온다는 핑계로 자신의 모습을 보여 주지 않았어요.

한편 프시케의 두 언니는 동생이 사랑에 빠져 행복해 하는 것을 보고 질투가 났습니다.(그리스 사람들은 여자에 대한 편견이 대단했나 봐요. 신화 여기저기에 질투심 많은 여자들이 나와요. 남자는 주로 용감한 영웅으로 그려지고요. 흠, 이런 것도 성차별이잖아요? 이 글을 쓰고 있는 저 '금여우 은여우'는 사랑 앞에서는 질투심이고 자존심이고 없는 미련곰탱이고, 남자 친구가 위기에 빠지면 완전 용감해지는데……)

아무튼 두 언니는 밤마다 찾아오는 남자가 괴물일지도 모르
니 그의 얼굴을 꼭 확인해 보라고 프시케를 부추깁니다. 안 그래도 점
쟁이한테서 괴물과 살게 될 거라는 말을 들은 적이 있는 프시케는 언
니들 때문에 마음이 흔들렸어요. 결국 프시케는 몰래 침대 밑에 조그
만 등잔불을 숨겨 두었어요.(에이, 여자의 적은 여자라니까요. 행복했는데
왜 이런 행동을 했는지……. 프시케, 바보!)

프시케는 에로스가 잠든 틈을 타 등잔불을 들어 에로스의 얼굴을 비
춰 보았습니다. 프시케는 몹시 놀랐어요. 왜냐하면 자신을 사랑하고
있는 사람이 사랑의 심부름꾼인 에로스일 거라고는 꿈에도 생각지 못
했거든요. 너무 놀란 나머지 프시케는 그만 등잔불의 뜨거운 기름을
에로스의 어깨에 떨어뜨리고 맙니다. 그 바람에 잠에서 깨어난 에로
스는 프시케가 약속을 어긴 것을 알고 화가 나서 이렇게 소리를 지릅
니다.

"의심이 있는 곳에 에로스는 함께 머물 수 없다."

에로스는 뒤도 안 돌아보고 그곳을 떠났습니다. 그제서야 프시케는
자기가 에로스를 의심한 것을 후회합니다. 그리고 사랑하는 에로스가
보고 싶어 여기저기 찾아 헤매다가 마침내 아프로디테 여신에게 에로
스를 만나게 해 달라고 기도를 올리게 되지요. 그러나 아프로디테는
아직 분이 풀리지 않아, 세 가지 과제를 해결해야 소원을 들어주겠다
고 말합니다.

세 가지 과제는 인간인 프시케로서는 도저히 감당해 낼 수 없는 일들
이었어요. 하지만 프시케는 과제를 하나하나 해결합니다. 그런데 마
지막 과제로 지옥의 신 하데스의 아내 페르세포네의 처소로 가서 상

자를 가져오는 일을 하다가 문제가 생겼어요. 호기심을 누르지 못하고 그만 상자를 열어 버린 거예요. 그러자 그 안에 들어 있던 죽음의 잠이 튀어나와 프시케를 덮치려 했습니다. 바로 그때 에로스가 나타나 프시케를 구출합니다. 그리고 제우스에게 아프로디테의 화를 풀어 달라고 부탁합니다.

결국 아프로디테의 화도 풀려, 프시케와 에로스는 올림포스에서 여러 신들의 축하를 받으며 정식으로 결혼식을 올리게 됩니다. 그 자리에서 프시케는 신들의 음료수를 마시고 절대로 죽지 않는 생명을 얻습니다. 그리고 나중에 에로스와의 사이에서 기쁨과 희열을 상징하는 '볼룹타'(volupta)라는 딸을 낳습니다. 이것이 그리스 신화에 나오는 에로스와 프시케의 사랑 이야기입니다.

에로스와 프시케의 이야기를 듣고 나서 뭉크의 그림을 다시 보면 느낌이 좀 다르지 않나요? 남자는 에로스, 여자는 프시케를 상징하겠지요. 그런데 뭉크는 왜 하필 옷을 다 벗은 그림을 그렸을까요? 아마도 의심을 벗어던져야 진실한 사랑이 이뤄진다는 뜻으로 그렇게 한 것이겠지요. 이렇게 생각하는 데에는 다음과 같은 근거가 있습니다.

에로스(eros)는 원래 그리스 신화에서 사랑의 신의 이름인데, 로마 신화에서는 아모르(amor) 또는 큐피드(cupid)에 해당합니다. 이 아모르라는 말에서 사랑이라는 단어가 만들어졌습니다. 그러니 에로스가 "의심이 있는 곳에 에로스는 함께 머물 수 없다."고 한 말은 '믿음이 없으면 사랑도 있을 수 없다.'로 해석할 수 있습니다. 그래서 흔히 "의심이 자리 잡은 프시케(마음)에게 에로스(사랑)가 깃들 수 없다."고도 합니다.

뭉크의 그림을 다시 보세요. 두 주인공이 어두운 밤에 서로 얼굴도 보지 못한 채 그냥 정열적으로 부둥켜안고 키스하는 모습이 아니지요? 의심을 벗어던지고 진실되게 상대방을 대해야 한다는 의미로, 옷을 벗고 서로 찬찬히 살피고 있습니다. 정열적인 사랑에서 멈추는 것이 아니라, 많은 고난을 이겨 내야 더 아름답고 진정한 사랑을 꽃 피울 수 있다는 뭉크의 생각이 그대로 드러나지요.

프시케라는 말에는 영혼과 마음이라는 뜻이 담겨 있어요. 에로스는 원래 사랑을 장난처럼 생각해서 주로 육체적인 사랑을 하던 신이었고요. 그렇게 성격이 다른 두 존재가 하나로 결합되어야 진정한 사랑이 이루어지고, 그로써 진정한 기쁨을 얻을 수 있다고 뭉크는 생각한 것입니다. 몸과 마음의 결합. 그 순간을 뭉크는 아주 진지한 분위기로 그렸습니다. 몸과 마음이 하나로 결합되는 순간을 보는 우리의 마음도 황홀해지지요. 그리스 신화에서 에로스와 프시케가 낳은 딸의 이름을 '볼룹타', 즉 기쁨을 뜻하는 말로 정한 이유를 알 수 있을 것 같습니다.

'금여우 은여우'의 글에 소개된 그리스 신화를 읽으면서 나는 스턴버그 교수의 글을 떠올렸습니다. 에로스가 가진 정열만으로는 사랑이 길게 가지 못한다는 것, 그리고 프시케가 고난을 겪어 낸 것처럼 사랑의 다른 요소인 헌신도 있고 비밀을 나누는 친밀감도 있어야 한다는 것을 깨달았지요. 스턴버그 교수가 그냥 사랑의 세 요소라고 하지 않고, 굳이 사랑을 삼각형으로 나타낸 이유를 알 수 있었습니다. 삼각형의 어느 한 꼭지점이 없으면 하나의 점이나 선이 되고 말 뿐 삼각형이 될 수 없듯이, 사랑도 어느 한 요소가 없으면 진정한 사랑이라고 할 수 없는 것인가 봐요.

  '금여우 은여우'의 글 아래에는 딴죽을 거는 댓글들이 달려 있었습니다. 에로스는 다른 그림에서 화살을 쏘는 장난꾸러기 어린아이로 묘사되었는데, 뭉크의 그림에 나오는 에로스는 이와 달라서 가짜 같다는 글도 있었어요. 그 글 밑에는 '신화 사랑'이라는 아이디를 쓰는 사람이 이렇게 댓글을 달아 놓았습니다.

  "에로스도 사랑하는 사람을 만나면서 성장하게 되어 어른스러워진 것이에요."

  이 댓글을 읽으며 나는 "사랑은 사람을 성숙하게 만든다."는 말이 생각났어요.

  에로스 등에 날개가 없는 것이 이상하다고 하는 댓글도 있었습니다. 아예 다음과 같이 날개 달린 에로스의 그림과 조각 사진을 올려놓은 사람도 있었어요.

같은 소재, 같은 제목, 다른 화가, 다른 느낌

ID : 미남 미술남

뭉크는 작품 〈에로스와 프시케〉에서 두 주인공이 서로 진지하게 바라보는 모습을 그렸지요. 그런데 에로스에게 날개가 없는 것이 영 눈에 거슬리지 않으세요? '금여우 은여우' 님은 에로스에게 날개를 그리지 않은 이유를 다 아실 겁니다. 그러나 바쁘셨는지 미처 지적하지 않아 쓸데없는 비판을 받고 계시니 제가 지원 사격을 하겠습니다.

에로스는 주로 날개가 있는 것으로 묘사됩니다. 다음 그림처럼 말이지요.

이 그림은 프랑수아 제라르(Francois Gerard)가 1798년에 그린 〈에로스와 프시케〉입니다. 그런데 막상 올리고 보니 날개도 날개지만 다른 차이가 눈에 띄네요. 프시케는 부끄러워하며 손으로 몸을 가리고 있고, 에로스는 그런 프시케의 이마에 키스를 하는 모습입니다. 어른이 아이에게 뽀뽀하는 것처럼 그려서인지 에로스가 프시케를 보호하며 이끌고 있다는 느낌이 듭니다. 에로스가 다가와 뽀뽀를 하는데도 어리둥절한 듯한 프시케의 표정이 뭉크의 그림에서 본 진지한 표정과는 아주 다르지요? 그럼 다음 미술 작품에서 프시케는 어떤 표정을 짓고 있는지 비교해서 살펴볼까요?

이것은 오귀스트 로댕(Auguste Rodin)의 조각 작품인 〈에로스와 프시케〉입니다. 에로스가 프시케에게 곧 키스하려는 모습을 하고 있습니다. 프시케는 두 팔로 안으며 에로스를 받아들이고 있습니다. 로댕의 조각에서 프시케는 확실히 프랑수아 제라르가 그린 순진한 표정이 아닙니다. 둘이 똑같이 서서 서로 바라보는 뭉크의 그림과도 자세가 다릅니다. 로댕의 작품에서는 프시케가 적극적인 자세로 아래에서 에로스를 맞이하고 있습니다. 로댕은 프시케가 자기의 몸과 마음을 에로스에게 다 열어 놓고 정열적으로 사랑하는 모습을 표현하고 있습니다.

세 작품을 비교해 보니 뭉크의 것이 가장 진지하고, 로댕의 것이 가장 육체적 접촉이 많아 야하네요. 이건 뒷이야기지만, 각 작품을 만든 미술가의 특징이 그대로 반영되어 이런 작품들이 나온 게 아닌가 싶습니다.

뭉크는 수줍음이 많았습니다. 사랑하는 사람은 여럿 있었지만, 자기 마음같이 이뤄지지 않아 평생 혼자 살았습니다. 유부녀와의 첫사랑에 이어 나중에 친구 부인이 된 여자를 사랑하는 등 은밀한 사랑을 주로 했지요. 아마도 뭉크는 자신의 작품 〈에로스와 프시케〉처럼 당당하게 마주할 수 있는 관계를 바라는 마음으로 그림을 그렸을 것입니다.

사랑에 대한 간절한 마음은 신화 속 인물마저도 현실적으로 표현하게 했습니다. 그래서 뭉크는 에로스의 날개를 과감하게 없앤 뒤 하나의 남자로 표현했습니다. 즉 사랑의 전령을 마치 뭉크와 같은 평범한 남자로 느껴지도록 만든 것이지요. 그림을 보면 오직 진실만을 바라는 남자가 느껴지지 않으시나요? 뭉크는 그렇게 〈에로스와 프시케〉의 주제 의식인 사랑의 진실함을 자신만의 방식으로 표현했습니다.

뭉크는 에로스의 날개를 그리지 않았지만, 대부분의 화가들은 에로스에게 날개가 꼭 필요하다고 생각했습니다. 그런 미술가의 고정 관념이 오히려 뭉크의 그림을 볼 때와 같은 생생한 감동을 떨어뜨리기도 합니다.

실제로 프랑수아 제라르는 1798년 전시회에 〈에로스와 프시케〉를 출품했지만 평이 좋지 않았습니다. 그림 속 인물들이 무기력한 느낌을 주고 있다는 이유에서였습니다. 분명 사랑하는 사람들인데 이마에 뽀뽀를 하는 것 하며, 프시케의 자세 등이 생동감이 떨어지는 것은 사실입니다. 당시는 역사적 사건이나 신화의 장면을 그리는 것이 유행일 때였습니다. 프랑수아 제라르는 스승인 다비드에게서 독립하여 자기 나름대로 색깔을 드러내는 그림을 그리고 싶어 했습니다. 그렇지만 〈에로스와 프시케〉를 보면 확실한 관점이 보이지 않는 밋밋한 수준이었던 것 같습니다. 결국 그림 속 주인공처럼 어정쩡하게 이 작품을 내

놓고 혹평을 받자 제라르는 실망했습니다. 제라르는 그동안 그리던 신화 그림을 그만두고 초상화로 방향을 바꿨습니다. 그 덕분에 재능 있는 초상화가로 이름을 얻어 궁정 화가가 되고 남작 작위까지 받았지요.

아무리 훌륭한 화가라 해도 사랑에 대해 그다지 특별한 생각을 갖고 있지 않다면 명작이 나오기 힘든 것 같습니다. 제라르의 사례를 살펴보면서 사랑에 대한 지식이나 감정은 아주 특별한 노력이 필요하다는 생각을 해 봅니다. 사랑에 대해서 고민을 하지 않고 노력을 하지 않으면 진정한 사랑을 나누고 싶어도 그렇게 할 수 없지 않을까 싶습니다. 저는 베르나르 샹피뇔르(Bernard Champigneulle)가 로댕에 대해서 쓴 책[3]을 본 적이 있는데, 로댕은 완전히 바람둥이였더군요. 그 책에 다음과 같은 이야기가 나옵니다. 어느 날 황갈색 고양이가 나이든 로댕의 무릎 위로 뛰어올라 로댕의 수염에 머리를 비벼 댔습니다. 그 모습을 본 부인이 이렇게 말했습니다. "어머, 고양이 색깔이 당신 젊었을 때 수염 색깔과 같네요. 이 녀석도 젊었을 때 당신처럼 바람둥이일까요?" 부인의 말을 들은 로댕은 "남자들이 다 그렇지 뭐." 하고 퉁명스럽게 대답했습니다. 바람을 피운 사실을 이렇게 스스럼없이 이야기할 정도였다니 얼마나 심했는지 짐작하시겠지요?

아무튼, 로댕과 그의 모델 애인들의 이야기는 아주 유명합니다. 로댕의 부인도 원래 그의 모델이었거든요. 조각가였던 카미유 클로델(Camille Claudel)과의 사랑 이야기는 아주 드라마틱해서 영화로도 만들어졌죠. 로댕은 자신이 상대하는 여자들이 자기에게 몸과 마음을 완전히 바치기를 원했습니다. 그래서인지 그런 사랑에 대한 생각이 그의 작품인 〈에로스와 프시케〉에도 그대로 드러나지 않았나 싶어요.

아, 이렇게 쓰고 나니 '금여우 은여우' 님의 글과 비슷한 결론이네요. 완전한 몸과 마음의 결합. 확실한 지원 사격을 끝내고 저는 이만 물러납니다.

　나는 같은 소재를 가지고도 미술가마다 다르게 표현한 것이 놀라웠습니다. 똑같은 주인공을 그린 미술 작품인데도 표현하는 것이 무척 다르고, 이상적으로 생각하는 사랑의 모습도 저마다 달라 보였습니다.

　이렇게 사랑을 담은 그림을 보니 문득 의문이 들었어요. 사랑이라고 말할 때 모두 같은 감정을 이야기하는 줄 알았는데, 사람마다 모두 다르게 생각하는 것은 아닌가 하는 거죠. 그렇게 생각하니 사랑이 다르다면 얼마나 다를까 궁금해졌어요. 그래서 새로운 질문을 올렸습니다.

Q **사랑에도 여러 종류가 있나요?**

4장

사람들이 말하는 사랑은 모두 다 똑같나요?

사랑에 여러 종류가 있는지 묻는 질문에 다양한 대답이 쏟아져 나왔습니다. 그러나 첫눈에 반한 사랑, 돈 때문에 미친 사랑, 외모에 홀린 사랑, 정신적 사랑, 짝사랑 등 사랑 앞에 여러 수식어를 붙인 것들이었습니다. 그냥 생각나는 대로 사랑의 종류를 나열한 것 같았어요. 점수를 줄 마음이 전혀 생기지 않는 성의 없는 답변들이 많아 실망했지요. 그런데 사랑의 종류를 깔끔하게 정리한 답변이 뒤늦게 올라왔습니다.

세상에 있는 낭만적 사랑은 결국 6가지로 나눌 수 있다

ID : 프리미어 링거

윤도현의 노래 '사랑 two'에는 이런 가사가 나온다. "처음엔 그냥 친구 줄만 알았어. 아무 색깔 없이 언제나 영원하길~~" 그렇다. 사람들은 우정인 줄 알았던 감정, 아무 색깔 없이 그저 한결같을 것이라고 생각했던 친구 관계에서 사랑을 시작하는 경우가 많다. 즉, 우정에 여러 가지 색이 입혀지면서 다양한 사랑의 감정을 느낀다.

캐나다 토론토대학교의 존 알란 리(John Alan Lee) 교수는 세상의 모든 사랑을 여섯 가지로 나눌 수 있다고 주장한다.[4] 세상 사람들의 몸에 있는 피가 아무리 다르다고 해도 결국에는 O형, A형, B형, AB형으로 나눌 수 있듯이 말이다. 존 알란 리 교수는 사랑을 색에 비유해서 설명한다. 빨강, 파랑, 노랑, 이렇게 서로 다른 세 가지 색을 적당한 비율로 배합하면 어떠한 색도 만들 수 있는 것처럼, 사랑도 기본적 사랑을 어떻게 섞느냐에 따라 다양한 사랑이 만들어진다고 말한다. 기본 삼원색에 해당하는 사랑은 에로스(eros), 루두스(ludus), 스트로게(stroge)다. 우리말로 바꾸면 각각 '정열적 사랑', '유희적 사랑', '우애적 사랑'이다. 이런 사랑의 특징은 다음과 같다.

첫째, **정열적 사랑**은 첫눈에 반하거나 상대방에 깊이 빠져 버리는 사랑이다. 정열적 사랑에 빠지면 너무도 강렬한 충격을 받아서 기꺼이 몸과 마음, 생명까지도 다 바칠 수 있게 된다. 윌리엄 셰익스피어(William Shakespeare)의 희곡 『로미오와 줄리엣』(*Romeo and Juliet*)에 나오는 주인공의 사랑이 정열적 사랑에 해당한다.

로미오는 몬터규 가문의 아들이고, 줄리엣은 캐퓰렛 가문의 딸이다. 두 가문은 오랫동안 원수로 지내고 있다. 그런데 로미오가 캐퓰렛 가문의 무도회에 숨어 들어갔다가 첫눈에 줄리엣에게 반하고 만다. 줄리엣도 로미오에게 첫눈에 반한다. 하지만 줄리엣은 무도회가 끝난 뒤 유모에게서 로미오가 원수의 아들이라는 사실을 듣게 된다.

한편 로미오는 무도회가 끝나고 친구들과 돌아가는 척하다가 혼자 캐

풀렛의 집 정원으로 숨어든다. 그리고 로미오는 자신을 사랑하고 있다는 줄리엣의 독백을 엿듣게 된다. 로미오는 무척이나 기뻐하며 곧바로 줄리엣에게 사랑을 고백한다. 둘은 영원한 사랑을 맹세한다. 다음 날 저녁 둘은 로런스 신부의 도움으로 성당에서 결혼식을 올린다. 로미오와 줄리엣에게는 가족들의 반대 따위는 안중에도 없다. 오로지 함께하고 싶은 사랑의 정열만 가득할 뿐이다.

하지만 로미오는 몬터규 가문과 캐퓰렛 가문의 싸움에 휘말려 캐퓰렛의 조카이자 줄리엣의 사촌 오빠인 티벌트를 죽이게 된다. 영주는 사건의 책임을 물어 로미오를 먼 곳으로 내쫓기로 결정한다. 로미오는 사랑하는 줄리엣을 두고 떠나는 것은 죽음보다 더한 벌이라며 슬퍼한다.

그 사이 줄리엣의 아버지 캐퓰렛은 패리스 백작이 줄리엣에게 한 청혼을 받아들인다. 부모의 강요로 결국 줄리엣은 결혼을 허락하고 만다. 줄리엣은 로런스 신부를 찾아가 눈물로 도움을 청한다. 로런스 신부는 줄리엣에게 일단 죽은 척해서 패리스 백작과의 결혼식을 피하고 다시 깨어나 몰래 로미오와 도망치라고 일러 준다. 그리고 줄리엣에게 42시간 동안 죽은 듯 잠을 자게 되는 물약을 건넨다. 줄리엣은 물약을 마시고, 다음 날 아침 줄리엣이 죽은 걸 발견한 캐퓰렛 부부는 슬퍼하며 장례식을 치른다.

그런데 로런스 신부의 계획을 전해 듣지 못한 로미오는 줄리엣이 죽었다는 소식을 듣고 큰 슬픔에 빠진다. 로미오는 사랑하는 줄리엣이 없는 세상은 살 가치가 없다며 독약을 가지고 묘지로 간다. 로미오는 줄리엣을 마지막으로 보고 싶어 무덤을 파헤친다. 하지만 줄리엣과 결혼하기로 했던 패리스 백작이 로미오를 막고, 싸움 끝에 로미오는

백작을 죽이고 만다. 로미오에게는 사랑하는 줄리엣과 함께하는 것만
이 중요했다.

로미오는 독약을 먹고 쓰러진다. 조금 뒤 줄리엣은 약효가 다해 잠에
서 깨어난다. 눈앞에 로미오가 죽어 있는 것을 보고 놀란 줄리엣에게
로런스 신부는 지금까지 벌어진 일을 설명해 준다. 이야기를 다 들은
줄리엣은 사랑하는 로미오 곁에서 단검으로 스스로 목숨을 끊는다.
캐퓰렛 집안과 몬터규 집안 사람들은 사랑 때문에 죽은 로미오와 줄
리엣을 보면서, 뒤늦게 후회하며 화해한다.

로미오와 줄리엣의 이야기는 책으로도 읽고, 뮤지컬로도
본 적이 있습니다. 일종의 중학교 입학 기념 선물로 아빠가 뮤
지컬을 보여 줬지요. 아빠는 예쁘고 날씬한 여주인공을 보고,
엄마는 멋진 남자 배우들을 보며 감탄을 했어요. 그렇지만 비극
으로 끝나서 나는 너무 아쉬웠죠.

뮤지컬을 본 날 밤, 나는 로미오를 만나서 사랑에 빠지는
꿈을 꾸었습니다. 내가 좋아하는 남자 가수가 로미오로 나와서
가슴이 뛰었지요. 로미오와 나는 한참 사랑을 속삭이다가 결혼
을 했어요. 그리고 다른 동화에서 본 것처럼 함께 아이를 낳고
잘 사는 모습이 이어졌지요. 꿈에서 깨고 난 뒤에도 행복한 느
낌이 계속되었습니다. 나중에 꼭 이런 사랑을 해서 행복하게 살
리라 결심도 했어요. 글을 읽으니 그때 기억이 새삼 떠오르네
요. 생각을 접고 다음 사랑의 유형을 계속 읽어 나갔습니다.

둘째, **유희적 사랑**은 사랑을 놀기 위한 수단으로 보는 것이다. 순정적

사랑이 아니라, 즐기기 위해서 특정한 상대에게 몰입하지 않으려 한다. 유희적 사랑에 빠지면 이른바 '양다리 걸치기'도 마다하지 않는다. 많으면 많을수록 좋다는 식으로 여러 상대를 찾는다. 바람둥이로 유명한 조반니 카사노바(Giovanni Casanova)의 사랑이 유희적 사랑에 해당한다.

카사노바는 1725년에 이탈리아에서 태어났으며 여러 분야에 재능이 많았던 인물이다. 하지만 사람들은 흔히 그를 역사상 최고의 바람둥이로만 기억한다. 카사노바는 재치와 폭넓은 교양으로 외교관, 재무관, 첩보원, 사업가, 모험가 등 여러 직업을 가졌고, 여러 계층의 사람들과 두루 사귀었다. 또한 법학 박사, 철학자, 사서이기도 했던 그는 40여 권의 책을 남겼다.

그 덕분에 그가 자신의 삶을 정리한 『회상록』(*Histoire de ma vie*)이 18세기 유럽의 사회 분위기를 아는 데 매우 귀중한 자료로 쓰인다. 하지만 그 책은 보통 사람들에게는 엽기적인 연애 이야기를 담은 것으로 더 유명하다. 『회상록』에는 카사노바가 130명이 넘는 여인들과 나눈 사랑이 자세하게 기록되어 있다. 엄마와 딸을 동시에 사랑한 경우도 있고, 언니와 동생을 함께 사랑한 적도 있으며, 수녀, 배우, 유부녀, 어린 처녀 등 카사노바한테 빠진 여성을 살펴보면 직업과 성격이 무척 다양해 기가 질릴 정도다. 그러나 카사노바는 자신의 과거를 부끄러워하지 않았다. 오히려 회상록에서 "나는 여성을 사랑했다. 그러나 내가 진정 사랑한 것은 자유였다."고 말할 정도로 떳떳하게 생각했다. 카사노바에게 사랑은 자유를 느끼는 즐거움의 원천이었다.

카사노바 이야기를 읽으며 나는 좀 화가 났어요. 천하의 바람둥이 같으니라고! 뭉크의 그림에서 봤던 진지한 사랑의 모습을 상상하기 힘들었어요. 그 대신 로댕의 조각에서 봤던 정열적인 키스가 떠올랐지요. 그런데 로댕의 작품과 다르게 이 사람 저 사람과 키스를 하는 모습이 떠올라 징그럽게 느껴졌어요.

그렇지만 한편으로는 이상하게 가슴이 뛰었습니다. 어느덧 나는 정열적인 키스를 나누는 로댕의 조각을 떠올리며 상상을 펼쳤어요. 내가 조각 작품의 여주인공이 되었습니다. 그런데 상상 속의 상대가 자꾸만 바뀌었습니다. 모두 다 멋진 사람들이어서 한 명하고만 결혼하라면 누굴 고를까 고민이었습니다. 딱 한 명을 골랐는데 다음 사람이 더 좋으면 어떡하나 하는 걱정에 선뜻 결정을 내리지 못했어요. 일단 다 만나 보고 사람을 선택하는 것이 어떨까 생각했습니다. 사랑을 즐기면서 말이에요. 이렇게 생각하다 보니 카사노바처럼 100명도 넘게 만날 수 있겠다 싶었습니다. 그러자 혹시 내가 바람둥이 기질이 있는 것은 아닌가 걱정이 되었어요. 아까 단 한 명의 로미오와 정열적인 사랑을 하겠다고 결심했던 마음은 대체 어디로 사라졌나 반성이 되더라고요. 정신을 차리고 다음 사랑의 유형으로 넘어갔습니다.

셋째, **우애적 사랑**은 말 그대로 우정과 같은 사랑이다. 상대방을 볼 때 특별히 애타거나 즐거운 것도 없이, 그저 동료 같은 느낌이 더 크다. 그래서 로맨스 영화에서처럼 목숨 바쳐 정열적 사랑을 하는 사람이나, 사회적 도덕을 무시하면서까지 유희적 사랑을 하는 사람을 이해하지 못한다. 아무 색깔 없이 한결같은 마음으로 함께 오랜 시간을 보내면 그것이 사랑이라고 생각한다. 태진아의 노래 〈동반자〉의 내용이 바로 우애적 사랑이다. 노래 가사를 1절만 옮겨 보면 다음과 같다.

당신은 나의 동반자 / 영원한 나의 동반자 / 내 생에 최고의 선물 / 당신과 만남이었어 / 잘살고 못사는 건 타고난 팔자지만 / 당신만을 사랑해요 / 영원한 동반자여

이 노래 가사를 보면 그냥 동반자임을 강조하며 사랑한다고 말할 뿐이다. 가사 속 주인공의 사랑은 책임감이 많이 느껴진다.

　사랑을 하면 상대방이 자기를 어떻게 생각할까 애가 타고 마음이 자꾸 흔들린다고 하는데, 우정 같은 사랑이라면 그렇게 안달복달할 것이 없어서 편하기는 하겠다는 생각이 들었습니다. 그래도 심심할 것 같아서 나는 이런 사랑을 하고 싶지는 않습니다. 친구 같은 사랑이라면 아예 친구와 우정을 나누어야지요. 애인은 더 정열적으로 사랑을 나눠야 하는 것이 아닌가 생각하며 나는 계속 글을 읽었습니다.

지금까지 살펴본 세 가지 기본 사랑이 서로 섞이면 또 다른 사랑이 만들어진다. 마치 삼원색을 혼합하면 여러 가지 다른 색이 나오는 것처럼 말이다. 그런데 혼합 사랑은 기본 사랑처럼 단순하지 않다. 사랑을 하면 할수록 두 사랑의 요소가 더 극적으로 혼합된다.
정열적 사랑과 유희적 사랑이 합쳐지면 '광신적 사랑'(mania)이 된

다. 그래서 정열적 사랑처럼 상대방에게 매달리는 한편, 상대방이 혹시 바람둥이처럼 다른 사람과 유희를 즐기려 하지는 않을까 의심하기도 한다. 결국 광신적 사랑에 빠지면 소유욕에 불타 상대방에게 의존하면서 질투하고, 사랑을 잃을까 두려워하며 어떻게든 상대방을 묶어놓으려 한다. 바람둥이가 한 사람에게 정착해서 오히려 매달리며 살게 되는 것도 광신적 사랑의 특성 때문이다.

실화를 바탕으로 한 미국 영화 〈앙코르〉(Walk the line)에서 광신적 사랑을 볼 수 있다. 남자 주인공인 '조니 캐시'는 유명한 가수다. 그는 유부남이지만 순회공연을 하면서 자신을 쫓아다니는 여성 팬들과 사귀며 바람둥이로 지낸다. 그러다가 동료 여가수인 '준 카터'에게 반한다. 카터가 다른 사람과 사귄다는 소식에 질투심을 느껴 그녀에게 무례하게 굴기도 하지만, 사실은 카터에게 사랑받고 싶은 마음이 그만큼 강하기 때문이다. 이를 눈치 챈 아내에게 이혼을 당한 뒤 캐시는 수십 차례 카터에게 청혼을 하지만 거절당한다. 그래도 캐시는 끝까지 카터에게 매달리고, 결국 우여곡절 끝에 둘은 결혼하고 노래를 부르며 행복한 삶을 산다.

옛말에 "철들기 전 망나니가 철든 후 더 어른이 된다."는 말이 있다. 하지만 이런 광신적 사랑을 하는 사람을 잘 살펴보면 그저 나이가 들어서 그렇게 된 것이 아니다. 유희적 사랑과 한 사람에게 목매는 정열적 사랑이 합쳐져서 변화된 사랑을 하는 것이다. 하지만 지나친 경우에는 상대방의 사랑을 반복적으로 확인하려 들어 자신과 남을 모두 불행하게 만들기도 한다.

광신적 사랑은 엄마와 함께 보는 드라마에서도 자주 보는 내용 같았습니다. 이 글을 읽으면서 드라마에서 "한때는 바람둥이였지만 정신 차려서 한 사람에게 마음 붙이고 잘 산다."고 하는 경우를 이해할 수도 있을 것 같았어요. 혼합 사랑은 기본 사랑이 합쳐져 다채롭게 펼쳐지는 것이라 더 오묘해서 재미있었습니다.

정열적 사랑과 우애적 사랑이 합쳐지면 '**헌신적 사랑**'(agape)이 된다. 헌신적 사랑에 빠지면 상대방에 대한 책임감 때문에 헌신을 하는 것을 당연한 의무라 여기게 된다. 그래서 사랑은 강렬한 감정이 아니라 의무를 지키기 위한 의지를 표현하는 일이 된다. 헌신적 사랑에 빠진 사람에게는 고난도 두렵지 않다. 마치 신을 모시기 위해 순교도 불사하는 신자처럼 상대방이 원하는 것을 주기 위해 최선을 다한다. 헌신을 한다고 해서 광신적 사랑처럼 소유욕이 있는 것은 아니다. 만약 상대방을 더 행복하게 해 줄 사람이 나타난다면 자신은 기꺼이 물러선다. 왜냐하면 자신보다 상대방이 더 중요하다고 생각해서 사랑의 의무를 다하려 하기 때문이다. 이래서 '사랑하니까 헤어진다.'는 말이 나오게 된다(사실 이 말은 책임을 다하려는 사람이 아니라 오히려 책임에서 벗어나려는 사람이 악용하는 경우가 더 많기는 하다).

안데르센의 동화 『인어공주』가 헌신적 사랑의 좋은 예다. 디즈니 만화영화 〈인어공주〉와 원작 동화가 많이 다른 것에 조심해야 한다. 원래 안데르센의 동화는 비극으로 끝난다.

인어공주는 용왕의 일곱째 공주였다. 용궁에서는 열다섯 살이 되면 바다 위로 올라가 세상을 구경할 수 있는 특별한 상을 준다. 인어공주도 그 상을 받게 되었다. 평소 바깥 세상에 호기심이 많던 인어공주는 바다 위로 정신없이 올라갔다. 그때 인어공주는 마침 배에서 생일잔치를 벌이던 왕자를 보게 된다. 인어공주는 왕자의 멋진 모습에 반해버린다. 그리고 얼마 뒤 높은 파도가 밀려와 왕자가 탄 배가 가라앉게 되자 왕자를 구해 준다. 하지만 왕자는 인어공주가 자신을 구해 준 줄 모른 채 사람들의 부축을 받으며 궁전으로 돌아갔다.

그 후 인어공주는 왕자가 보고 싶고 걱정도 되어 궁전이 보이는 곳까지 몰래 헤엄쳐서 갔다 온다. 하지만 해변까지만 갈 수 있을 뿐 궁전 안으로 들어갈 수가 없다. 인어공주는 왕자와 함께하기 위해서 인간이 되기로 결심한다. 인어공주는 마녀를 찾아가 인간처럼 다리가 생기게 해 달라고 부탁한다. 마녀는 물약을 건네고, 그 대신 인어공주의 목소리를 빼앗는다.

바다를 떠나 처음으로 땅을 디딘 인어공주는 모든 것이 낯설고 힘들었다. 한 발 한 발 내디딜 때마다 날카로운 칼 위를 걷는 것같이 아팠다. 그래도 인어공주는 왕자에게 가까이 갈 수 있다는 것만으로 행복했다. 결국 인어공주의 아름다운 모습을 본 왕자는 그녀를 곁으로 부른다. 인어공주를 환영하는 무도회도 열어 준다. 하지만 목소리를 빼앗긴 인어공주는 다른 아가씨들처럼 노래나 말을 하지 못한다. 아름다운 춤으로 훨씬 더 깊은 가슴 속 얘기를 전할 뿐이었다. 춤을 열심히 출수록 칼에 찔리는 것처럼 발이 아팠지만 인어공주는 자신의 사랑을 전하기 위해 고통을 참는다. 어떤 고난도 인어공주의 사랑을 멈추게 할 수 없을 것 같았다.

그러나 운명은 가혹했다. 인어공주가 먹은 약은 영원히 인간이 되는 약이 아니었다. 만약 왕자가 인어공주를 본 지 일주일 안에 결혼을 하지 않으면, 약효가 다해 인어공주는 바다의 물거품이 될 처지였다. 인어공주는 마음의 목소리를 눈에 담아 열심히 사랑을 이야기했다. 왕자도 따스한 눈길로 인어공주를 쳐다봤다. 하지만 왕자는 자신을 구해 준 예쁜 아가씨를 잊을 수 없다고 말했다. 인어공주는 그 사람이 바로 자기라고 소리치고 싶었지만, 이미 목소리를 빼앗겨 어쩔 수가 없었다.

왕자는 이웃 나라의 공주가 자신을 구해 준 사람이라 생각하고 결혼을 결심한다. 드디어 왕자의 결혼식 날이 되었다. 이제 물거품이 될 수밖에 없는 상황에 놓인 인어공주는 모든 것을 포기한다. 그것을 본 인어공주의 언니들이 자신들의 머리카락을 잘라 마녀에게 주고 마법의 칼을 얻어 온다. 그러고는 해가 떠오르기 전에 칼을 왕자의 가슴에 꽂아 왕자의 따뜻한 피가 인어공주의 발을 적시면 다시 인어가 될 수 있다고 말해 준다.

인어공주는 칼을 품고 왕자의 침실로 들어간다. 그러나 차마 왕자를 찌르지 못한다. 오히려 옆에 자는 이웃 나라 공주의 이마에 축복의 입맞춤을 한다. 마지막으로 왕자를 보고 나서 인어공주는 바다에 몸을 던진다. 어쩌면 인어공주는, 죽어서 물거품이 되는 자신의 처지보다 더는 왕자를 보지 못하는 것이 더 슬펐는지도 모른다. 그런데 죽음을 기다리던 몸이 하늘로 떠올랐다. 그리고 인어공주의 몸이 투명해졌다. 그렇게 인어공주는 공기의 요정이 되어 자유롭게 하늘을 날아갔다.

인어공주 이야기에서 보듯이, 결과와 상관없이 무조건적인 헌신을 보이는 것이 헌신적 사랑의 특징이다.

생각해 보니 인어공주는 왕자와 한마디도 이야기를 나눈 적이 없어요. 모두 마음으로 주고받는 것밖에 없습니다. 그건

우정과는 다르게 아주 애타는 마음이기는 하지요. 진짜로 인어
공주처럼 순수한 마음으로 헌신적 사랑을 하면 사랑 때문에 헤
어질 수도 있겠다는 생각이 들었습니다. 자기의 사랑을 빼앗은
사람에게도 축복의 입맞춤을 할 수 있겠다 싶었습니다. 그렇지
만 나는 인어공주와 같은 사랑을 하고 싶지는 않아요. 기쁨과
슬픔을 함께 나누는 사랑을 하고 싶다는 생각을 하며 계속 글을
읽었습니다.

유희적 사랑과 우애적 사랑이 합쳐지면 '실용적 사랑'(pragma)이 된
다. 실용적 사랑을 하는 사람은 정열적으로 사랑하는 것보다 그냥 안
정적으로 사는 것을 최대의 목표로 삼는다. 그래서 마치 쇼핑몰에서
물건을 꼼꼼히 따져 보고 사듯이 자신이 생각하는 조건에 맞는 상대
방을 고른다.

실용적 사랑에 빠지면, 상대방을 위해서 희생하려고 하지 않는다. 왜
냐하면 자신의 행복을 위해 계산해서 선택한 상대일 뿐이기 때문이
다. 만약 상대방을 위해 희생하느라 자신의 목표인 안정이 깨진다면
사랑도 깨지기 쉽다. 그리고 사랑이 유지된다고 하더라도 특별히 행
복한 것은 아니다. 상대방이 특별해서 선택한 것이 아니라 자기가 생
각하는 요건에 그나마 맞아서 선택한 것이기 때문에 비슷한 조건을
가진 다른 사람과 맺어졌더라도 결과는 같았을 것이라 생각한다. 그
래서 "결국 살아 보면 누구나 다 똑같다."고 스스럼없이 말하게 된다.
요즘 '잘나가는 사람'을 자기 애인으로 만들려는 이가 많은 것도 실
용적 사랑의 영향력이 크기 때문이라고 볼 수 있다.

실용적 사랑에 빠지면 운명과 같은 애인인 로미오를 바라지 않을 것처럼 느껴졌습니다. 문득 로미오와 줄리엣 같은 사랑을 하는 드라마 주인공들을 보며 이모가 씁쓸하게 말했던 것이 기억났어요. "저렇게 난리를 쳐도, 살아 보면 결국 다 똑같아. 멋진 것도 다 필요 없어. 그러니까 편하게 함께 살 수 있는 사람을 선택하는 게 낫지."

이모가 실용적 사랑이 좋다고 말한 것을 떠올리니 기분이 좀 우울해졌습니다. 혹시 우리 엄마도 그런 것이 아닐까 하는 생각이 들어서요. 평소에 행복해 보이기는 한데, 엄마의 사랑이 무엇인지 도무지 알 수 없으니까요. 첫사랑을 물으면 괜히 역정을 내는 것으로 봐서 사연이 있는 게 아닐까 싶어요. 어쩌면 정열적 사랑을 한 남자와 헤어지고 아빠를 만났을지도 모르죠. 더욱이 실용적 사랑으로 결혼을 했다면? 그럼 나는 쇼핑몰에서 물건 사듯이 사랑을 조건으로 맞춘 상태에서 그냥 태어난 걸까요? 이런 생각을 하니 마음이 무겁게 내려앉는 기분이 들었습니다. 그대로 컴퓨터 책상에 엎드렸습니다. 나도 모르게 눈물이 흘러내릴 것만 같았습니다.

5장

진정한 사랑은 무엇인가요?

처음 인터넷에 질문을 올리기 시작한 지 일주일이 흘렀습니다. 그동안 사랑에 대해서 많이 알게 된 것은 사실이지만, 그렇다고 해서 더 즐겁고 행복해지지는 않았습니다. 아니, 오히려 머릿속이 더 복잡해졌어요.

'가장 진실한 사랑은 무엇일까?', '나는 첫눈에 반해서 정열적 사랑을 끝까지 나누고 싶은데, 로미오와 줄리엣과는 다르게 행복할 수 있을까?', '엄마와 아빠의 사랑은 어떠할까?', '나를 낳을 때 엄마와 아빠는 서로 얼마나 사랑했을까?', '지금은 얼마나 사랑하고 있을까?'……. 내 머릿속은 온통 질문들로 가득 찼습니다. 그러면서 엄마와 아빠의 행동도 눈여겨보게 되었지요. 그러다 하루는 아빠에게 대놓고 물어봤습니다.

"아빠는 엄마를 어떻게 사랑하게 되었어?"

갑작스러운 질문에 아빠는 고개를 갸우뚱했습니다.

"규린아, 별안간 왜 그런 걸 묻니?"

나는 학교 숙제라고 거짓말을 했습니다. 그래야 엄마처럼 해 줄 말이 없다는 둥 그런 말은 안 할 테니까요. 아빠는 잠시 생각에 잠기는 듯했습니다. 그 모습을 보니, 역시 첫눈에 사랑에 빠진 것은 아니었나 봅니다. 그랬으면 바로 대답을 했을 테니까요. 나는 좀 실망스러웠습니다. 아빠는 뜸을 들이고 난 뒤 싱긋 웃으며 말했습니다.

"어디서부터 이야기해야 하나? 좀 복잡해서……."

아빠는 자기가 꽃미남이어서 인기가 많았는데, 엄마가 워낙 쫓아다녀서 어쩔 수 없이 결혼해 줬다고 했습니다. 아빠의 장난스러운 대답에 나는 화가 났어요. 모처럼 용기 내어 진지하게 사랑 이야기를 물었는데 말이에요. 나는 일부러 쿵쿵쿵 소리를 크게 내며 내 방으로 들어와 버렸습니다.

아빠는 미안했는지 조금 뒤에 방문을 빼꼼히 열고 들어왔어요. 내 눈치를 보더니 나를 안고 등을 톡톡 두들겨 주었습니다. 그렇지만 나는 화가 풀리지 않았어요. 왜 사람들은 사랑이 중요하다고 하면서도 사랑을 물어보면 성의 없이 대답하는 것일까요? 그런데 그때는 몰랐어요. 엄마와 아빠 사이에 어떤 문제가 생겨서 아빠가 제대로 답을 못했다는 것을요.

그러고 나서 며칠 뒤에 아빠는 엄마와 함께 1박 2일로 '부부학교'라는 곳에 다녀왔습니다. 나는 그런 학교가 있는지도 몰랐는데, 구청에도 있고 성당에도 부부학교가 있대요. 저는 그런 학교에 많은 어른들이 다녀온다는 걸 처음 알았어요. 사실 엄마와 아빠가 부부학교로 떠날 때는 표정이 별로 좋지 않았습니다.

아빠는 자기가 심리학과 출신이라서, 강사가 할 말을 이미 다 알고 있다고 했어요. 엄마도 친구가 적극 추천해서 마지못해 한번 가 보는 거라고 했어요.

하지만 부부학교에 다녀온 두 분의 표정은 무척 환했습니다. 표정만 바뀐 게 아니라, 서로서로 챙겨 주고 사랑의 표현도 스스럼없이 했습니다. 내가 당황스러울 정도로요.

부부학교에서 도대체 무엇을 했느냐고 엄마에게 물어봤어요. 엄마는 애교 섞인 콧소리로 대답했습니다.

"학교니까 당연히 공부했지."

"무슨 공부?"

"사랑 공부."

"사랑을 가르쳐 주는 학교도 있어?"

"응. 나도 몰랐는데, 있더라고."

"그럼 다음에는 나도 데려가 줘."

"글쎄, 부부학교라서 결혼한 사람만 갈 수 있을 텐데."

엄마의 말을 듣고 나는 뾰로통해졌어요. 사랑을 가르쳐 주는 학교가 있다면 나도 가서 물어보고 싶은 게 많은데 말이에요. 내 표정을 본 아빠가 두 손으로 내 어깨를 감싸며 말했습니다.

"실망하지 마! 아빠가 거기서 배운 거 규린이한테 다 알려 줄께. 궁금한 거 있으면 다 물어 봐."

나는 반색을 하며 손뼉을 쳤습니다.

"그럼 아빠, 진정한 사랑이 뭐야?"

"에구! 처음부터 어려운 질문을 하네. 자, 어디 보자. 진정한 사랑이라……."

아빠는 말끝을 길게 끌더니, 서재로 들어가서 책을 여러 권 가져왔습니다. 부부학교에서 강의 시간에 핵심 내용은 다 들었지만 집에 가서 꼭 읽으라고 숙제로 내준 책이라고 했어요. 그러고는 이렇게 말했어요.

"내가 배운 심리학은 예전 것이고, 요즘 심리학은 정말 많이 바뀌었더구나. 이 책만 해도 예전에는 심리학에서 다룰 것이라고 생각하지 못했어."

아빠는 먼저 『사랑은 어떻게 시작하여 사라지는가』(Cupid's arrow : the course of love through time)라는 책을 보여 주었습니다.[5] 책을 쓴 사람은 로버트 스턴버그였습니다. 어디서 많이 들어 봤다 싶었더니, 얼마 전 '사랑은 삼각형이다'라는 글에서 본 기억이 났습니다. 아빠는 스턴버그 교수의 책을 펴서 표를 하나 보여주며 이야기를 시작했습니다.

아빠는 사랑의 세 요소부터 설명했어요. 나는 이미 '사랑의 삼각형' 내용을 알고 있었지만, 한참 신나서 이야기하는 아빠를 맥 빠지게 하고 싶지 않아 가만히 듣고 있었어요. 설명을 마치고

사랑의 종류	친밀감	정열	헌신
사랑이 아님	×	×	×
좋아함	○	×	×
도취성 사랑	×	○	×
공허한 사랑	×	×	○
낭만적 사랑	○	○	×
우애적 사랑	○	×	○
얼빠진 사랑	×	○	○
성숙한 사랑	○	○	○

나서 아빠는 앞의 표를 가리키며 사랑의 종류를 정리한 것이라고 말했습니다. 표의 각 칸에 있는 '×' 표시는 그런 요소가 없다는 뜻이고, 'O' 표시는 그런 요소가 있다는 뜻이라고 했습니다.

"진정한 사랑은 아주 오랜 시간이 흘러도 여전히 서로 아끼고 의지하고 위하는 사랑이라고 아빠는 생각해. 규린이 네 생각은 어때?"

"나도 그렇게 생각해."

아빠는 내게 더 바짝 다가앉으며 말했습니다.

"그럼, 어떤 요소가 많은 것이 진정한 사랑에 가까울까? 자, 여기 표를 봐. 세 요소 모두 없으면 아예 사랑이 아닌 거야. 그리고 친밀감만 있으면 그냥 좋아하는 거지. 친구처럼 말이야."

표를 보면서 아빠의 설명을 들으니까 더 쉽게 이해가 되었습니다.

"도취성 사랑은 정열만 있는 사랑이지. 한마디로 첫눈에 반한 사랑이야. 사람들은 흔히 이 도취성 사랑이 진정한 사랑이라고 생각해. 하지만 따져 보면 다른 사랑의 요소가 없어. 순간적인 사랑이어서 진정한 사랑이라고 말하기에는 부족한 점이 있어. 물론 사랑에 빠진 당사자들은 강렬한 감정을 느끼겠지. 그렇지만 상대방에게 헌신하고 오랜 시간 친밀감을 나누지 않는다면 그냥 잠깐 끌린 것뿐일 수 있어. 내가 사랑하는 상대방의 모습이 진짜 그의 모습인지, 아니면 내가 갖고 있는 환상을 그대로 상대방에게 씌워서 좋아하는 것인지 확인할 만한 시간을 가지지 못한 경우가 많아. 한 번 보고 예쁘거나 능력이 있어 보이거나 멋있는 행동을 하면 그것에 빠져 사랑을 하게 되는 것이지."

아빠는 동화『신데렐라』를 예로 들어 설명했습니다. 왕자는 무도회에서 신데렐라를 보자마자 첫눈에 반해서 사랑에 빠졌습니다. 그런데 만약 다음 날에도 무도회를 열어 다른 여자에게 또 첫눈에 반해서 사랑에 빠졌다면 어떻게 되었을까요? 왕자에게는 모두 진심으로 첫눈에 반한 사랑일 겁니다. 그래서 자기는 진정한 사랑을 하는 순수한 남자라고 생각합니다. 하지만 다른 사람이 보기에 왕자는 사랑을 가볍게 생각하는 바람둥이에 더 가깝다고요.

"카사노바처럼 말이지?"

내가 대뜸 아는 체를 하자, 아빠는 놀랍다는 듯 눈을 동그랗게 떴습니다. 나는 내가 아는 얘기가 나와서 더 재미있게 이야기를 들었어요. 아빠는『신데렐라』에 나오는 사랑이 카사노바와 같은 사랑이 아니라 진정한 사랑이 되려면 결혼 후의 이야기를 더 자세히 봐야 한다고 말했습니다.

"왕자와 신데렐라의 사랑이 진정한 사랑으로 나아가려면, 오랜 시간 친밀감을 나누고 서로 상대방에게 헌신을 해야겠지. 그냥 첫눈에 보고 반해서 고백을 하고 바로 결혼한다면 문제가 생기지 않겠니? 다른 사람을 보고 또 첫눈에 반하면 어떡해. 이혼하고 다시 결혼하고 그럴 수는 없잖아."

아빠는 그렇지 않느냐며 나를 바라보면서 빙긋이 웃었어요. 나는 고개를 끄덕였어요. 표에 나온 다른 사랑의 종류를 가리키며 내가 말했습니다.

"아빠, 그럼 공허한 사랑도 문제 아냐? 드라마에 이런 엄마 아빠들 많이 나오잖아. 친밀감도 없고 정열도 없이 그냥 심심하게 사는 거."

"아니, 우리 공주님이 완전 아줌마 같은 소리를 하네. 드라마 너무 열심히 보는구나. 규린아, 사람들이 모두 다 드라마같이 사는 것은 아니야. 드라마는 더 재미있게 보이려고 어떤 부분을 지나치게 강조하는 경우가 많아. 물론 네가 말한 것처럼 정열도 없고 친밀감도 없지만 결혼했으니까 어쩔 수 없이 사는 사람들도 있어."

아빠는 말을 끊고 엄마를 쳐다보았습니다. 아빠는 엄마와 잠시 눈짓으로 이야기를 나누는 것 같았어요. 그러고선 두 분이 함께 빙그레 웃었습니다. 엄마와 아빠 사이에는 내가 모르는 비밀이 있나 봐요. 아빠는 진지한 목소리로 다시 말을 이었습니다.

"그런데 규린아. 공허한 사랑에 빠지면 심심할 수는 있지만, 헌신을 하니까 계속 관계가 이어질 수 있지. 도취적 사랑이라면 바람둥이가 되어서 계속 다른 사람에게 사랑을 구하겠지만, 헌신이 있으면 그 사람 곁에 남아 있다가 다시 정열을 느끼거나 친밀함을 나눌 수 있어. 함께 사는 게 재미없어졌다고 바로 이혼을 한다면, 사랑을 되찾을 기회를 잃게 되는 거지."

아빠의 말을 듣고 보니 그랬습니다. 나는 공허한 사랑이 진정한 사랑과 가장 멀다고 생각했는데, 노력하면 진정한 사랑에 다가갈 수 있는 기회도 많은 것처럼 보였습니다. 부부학교에 다녀온 엄마와 아빠의 표정과 눈빛이 달라진 것도 그 때문인가 봅니다.

그다음에 아빠는 우애적 사랑을 설명했습니다. 오랜 결혼 생활을 한 노부부의 예를 들어 서로 의지하는 모습을 이야기해

주었습니다. 알란 리 교수의 이론에 대한 설
명에서 들었던 내용과 비슷했어요. 가수
태진아의 노래 〈동반자〉 가사를 예로 들었
던 답변 내용이 떠올라 쿡쿡 웃었습니다.
아빠는 그것도 모르고 자기가 말을 재미
있게 해서 그런 줄 알고 더 신나게 이야기했습니다. 설명을 마친
뒤 아빠가 덧붙였습니다.

　　"우애적 사랑도 좋지만, 사랑이라고 하면 진실된 우정 이상
의 것이 있어야 하지 않나 싶어. 그래서 우애적 사랑도 진정한
사랑이 되기에는 부족하지. 그렇다면 얼빠진 사랑은 어떨까? 표
를 보니까 열정과 헌신이 함께 있네. 요즘 젊은 사람들을 보면
만난 지 얼마 되지도 않았는데 확 달아올라서 열정적으로 사랑
을 하는 사람이 많더라. 길거리에서도 버젓이 애정 표현을 하고
말이야. 하지만 한 달도 제대로 넘기지 못하는 경우가 많잖아.
열정과 헌신만으로는 진정한 사랑으로 나아가기에 부족해. 서
로를 아는 시간도 필요하고 안정적으로 친밀감도 나눠야 하지.
그렇게 하지 않고서 열정만 가지고 상대방에게 헌신한다면 다른
사람들 눈에도 얼빠진 것처럼 보이지 않겠니?"

　　나도 모르게 '아하!' 하고 소리칠 뻔했어요. 우리 반에도 커
플 반지까지 맞춰 끼면서 약속을 한 친구가 있었는데, 한 달도
지나지 않아 깨졌거든요. 그때는 그냥 둘이 사이가 나빠져서 그
런 것이라고만 생각했어요. 하지만 이렇게 사랑의 요소를 살피
다 보니까, 아직 친밀감이 생기지 않은 상태에서 너무 급하게 다
가갔기 때문에 둘 사이가 오래갈 수 없었을 거라는 생각이 들었

습니다.

"이제 낭만적 사랑과 성숙한 사랑만 남았구나, 규린아."

아빠가 의미심장한 표정을 지으며 나를 바라봤습니다. 나는 괜히 뜨끔해져 고개를 돌려 책을 보며 짐짓 모르는 체했어요.

"규린이가 얼마 전에 아빠한테 어떻게 엄마를 사랑하게 되었느냐고 물었지? 그 대답을 지금 해 줄게."

아빠는 대학교 3학년 때 엄마를 처음 만났다고 했습니다. 엄마는 그때 대학교 1학년 신입생이었대요. 아빠는 3년 동안 군대를 갔다가 다시 학교로 돌아왔는데, 신입생 중에 아빠가 어렸을 때 같이 놀던 소꿉친구와 무척 닮은 사람이 있어서 깜짝 놀랐대요. 그렇게 아빠는 엄마를 처음 본 순간부터 마음에 들어서 친해지려고 했대요. 하지만 엄마는 웬 아저씨 같은 사람이 귀찮게 달라붙나 싶어 너무 싫어했대요. 그래서 일부러 피했는데 그럴수록 아빠는 엄마를 쫓아다녔대요. 아빠는 그때 상황을 이렇게 말했어요.

"원래 친밀감은 함께 느껴야 이뤄지는 것인데, 정열적인 사랑은 일방적인 경우가 많아. 상대방이 나를 좋아하는가보다 내가 반했다는 사실이 더 중요하거든. 그래서 상대방이 싫다고 해도 온 힘을 다해서 매달리지. 물론 상대방도 나를 사랑한다면 더할 나위 없이 좋겠지만, 그렇지 않다고 해도 정열이 쉽게 사그라들지는 않아."

하긴 나도 그래요. 내가 아주 좋아하는 연예인 오빠가 있어요. 가수면서 탤런트인데, 그 오빠가 텔레비전에 나와서 다른 여자 연예인을 좋아한다고 말하면 괜히 서운해져요. 하지만 그렇다고 오빠를 좋아하는 마음이 줄어들지  는 않아요. 그런 걸 보면 사랑의 요소인 정열은 확실히 일방적인 것 같아요.

그런 일방적인 아빠의 사랑도 마침내 결실을 맺었대요. 엄마가 아빠의 지극 정성에 마음을 열었다나요?

"아빠는 엄마가 첫사랑이었어?"

나는 갑자기 궁금해져서 물었습니다. 아빠는 엄마 눈치를 한번 살피고 나서 대답했어요.

"아니, 그렇지는 않아. 사실 군대 가기 전에 사귀던 사람이 있었어. 하지만 군대 가니까 곧 헤어지게 되더라고."

"어, 그러면 헌신이 없었던 거네!"

아빠는 내 말에 껄껄 웃으며 대답했습니다.

"그런 셈이지."

아빠는 멋쩍어하더니, 금방 표정을 바꾸어서 이야기를 이어 나갔습니다.

"엄마는 내가 첫사랑이었어. 그래서 처음에는 좀 미안하기도 했지. 하지만 아빠는 누구보다도 엄마를 가장 많이 사랑했단다. 그리고 엄마와 5년 동안 연애했지. 그 사이에 어려움도 있었지만 결국 서로에게 헌신하는 법을 배워서 결혼에 골인한 거야."

"꼭 동화 같네. 행복한 결말이 있는 동화!"

"그렇지. 그런데 동화에서는 결혼이 사랑의 끝이지만, 현실은 좀 달라. 결혼을 해도 계속 사랑을 표현해야 하거든."

아빠는 엄마를 쳐다보고는 머쓱해하며 뒷머리를 만졌습니다. 그리고 이야기를 계속했습니다.

"아빠가 그것을 이해하지 못해서 요즘 엄마랑 사이가 조금 안 좋아져 힘들었지. 아빠는 젊었을 때 정열을 다해 사랑했고, 그 좋은 추억을 바탕으로 결혼했으니까 다 되었다고 생각했던 거야. 그만하면 낭만적인 사랑이니 말이야. 동화도 낭만적으로 사랑해서 결혼하는 것까지만 나오듯이 낭만적 사랑이 최고잖아? 하지만 사실은 중요한 요소가 빠져 있단다."

"그게 뭔데요?"

"아빠는 낭만적 사랑을 성숙한 사랑으로 발전시켰어야 했어. 5년 넘게 연애를 한 것은 물론 헌신이 있었기 때문이지만, 결혼한 후에도 사랑을 키우려는 헌신이 더 많이 필요했던 거야. 나는 예전에 정열을 다 바쳐 열심히 사랑했던 것과 좋은 시간을 보내며 행복했던 기억만으로 내가 엄마를 얼마나 사랑하는지 알 거라고 생각했어. 하지만 사랑은 박물관의 전시품처럼 유리장 속에 넣어 두는 것이 아니거든. 사랑은 계속 발전시켜 나가지 않으면 그냥 사라지고 마는 거야. 이번 부부학교를 통해서 이 사실을 깨닫게 되었지. 오늘 규린이 앞에서 약속할게. 이제부터 진짜 성숙한 사랑, 진정한 사랑을 하겠다고!"

아빠의 말을 듣고 나는 기뻤어요. 무엇보다 아빠와 엄마가 정말 사랑해서 나를 낳았고, 지금도 사랑하고 있다는 것을 확신하게 되었으니까요. 그리고 진정한 사랑이 무엇인지도 알게 되어 더욱 기뻤어요. 그냥 한눈에 반해 정열을 다하는 것만이 멋진 사랑은 아니었어요. 정열과 친밀감과 헌신의 세 요소를 골고루 발전시켜야 진정한 사랑으로 나아갈 수 있다는 것을 나는 이제 알았습니다. 나는 오랜만에 아빠의 손을 꼭 잡았습니다. 아빠는 한 팔로 내 어깨를 감싸안아 주었어요. 엄마가 빙그레 웃으며 우리를 바라보았습니다. 나는 아빠와 엄마의 사랑을 그대로 느낄 수 있었어요.

6장

사랑은 받는 것인가요, 주는 것인가요?

아빠는 손을 꼭 잡은 채 내 눈을 지그시 들여다보며 말했습니다.

"아빠는 규린이가 커서 나중에 아빠보다 더 멋진 사랑을 하게 되기를 바란단다."

"나도 그런 사랑을 받게 되면 좋겠어, 아빠."

내가 이렇게 대답하자, 아빠의 표정이 조금 굳어졌습니다. '내가 뭘 잘못했나?' 생각하고 있는데, 아빠가 조용히 말을 이었습니다.

"그래. 아빠도 규린이가 멋진 사람에게 사랑받기를 바라지만, 그보다 더 간절하게 바라는 게 있어."

"그게 뭔데?"

"규린이가 멋진 사람이 되어서 아름다운 사랑을 하는 것. 규린이가 진정한 사랑을 줄 수 있는 사람이 되어서, 진정한 행복을 누리게 되기를 빌어."

"에이, 내 말이 그 말이잖아."

"글쎄, 너는 사랑을 받는 것만 말했잖아? 하지만 사랑은 받는 것이 아니라 주는 거거든."

'사랑이 받는 것이 아니라 주는 것이라고?' 나는 속으로 이렇게 외치며 고개를 갸우뚱거렸습니다. 나는 이때까지 남에게 주는 것은 뭐든지 힘들고 아까운 것이라고 생각했거든요. 그에 비해 받는 것은 남이 주는 것을 가만히 받기만 하면 되니까 쉽고 행복한 것이라고 생각했지요. 그런데 아빠는 사랑은 받는 것이 아니라 주는 것이고, 사랑을 줄 때 더 행복하다고 말했습니다. 어리둥절해하고 있으니까 아빠는 내 앞에 또 책 한 권을 밀어 놓았어요. 에리히 프롬이 쓴 『사랑의 기술』이라는 책이었어요.

"규린아, 천생연분(天生緣分)이 무슨 뜻인 줄 아니?"

아빠가 물었습니다.

"딱 보면 사랑하게 되는 것이라는 뜻 아니야?"

"으응, 그것도 틀린 답은 아니야. 하지만 원래 천생연분은 '하늘이 맺어 준 인연', 즉 '태어날 때부터 운명적으로 정해진 사랑'이라는 뜻이야. 하늘이 정한 사람이니 딱 보면 바로 '이 사람이구나.' 하고 알게 되는 것은 당연하겠지."

"그런데 엄마와 아빠는 천생연분이었어?"

내 물음에 아빠는 빙긋이 웃었습니다. 그때 엄마가 자리를 털고 일어나며 말했습니다.

"규린이는 엄마 아빠에 대해 알고 싶은 게 너무 많구나."

엄마가 슬쩍 자리를 비켜 주려나 봅니다. 아빠는 엄마가 일어나 가는 쪽을 한번 보더니 대답했어요.

"천생연분? 그렇다고 말해야 엄마한테 점수를 따겠지? 아까 이야기했듯이 아빠가 첫눈에 엄마한테 반한 건 사실이야. 하지만 아빠는 부부학교에서 이 책을 보면서 천생연분에 대해서도 다시 생각하게 되었단다."

아빠는 잠시 말을 끊었다가, 다시 내게 이렇게 물었습니다.

"규린아, 사람들은 왜 사랑을 하는 것일까?"

내가 먼저 아빠한테 물어보았는데 아빠가 내게 다시 질문을 하니, 뭐라고 대답해야 할지 알 수가 없었습니다. 행복하기 위해서 사랑한다는 말보다 더 좋은 대답이 생각나지 않았습니다. 제 답을 들은 아빠는 그것도 좋은 답이라고 했습니다.

그런데 아빠는 행복해지려면 꼭 사랑이 있어야 하느냐고 다시 물었습니다. 열심히 소질을 개발해서 원하던 꿈을 이루고 성공하면 행복할 수 있지 않느냐고 아빠는 말했습니다. 나는 더 깊이 생각해 보았어요. 내가 바라던 꿈을 이루고 성공하면 분명 좋겠지만, 사랑하는 사람이 없다면 어느 순간 쓸쓸할 것 같았습니다. 내 생각을 솔직히 말하자 아빠는 고개를 끄덕였습니다.

"그래. 같이 기쁨을 나누고 슬픔을 나눌 사람이 없다면 외로울거야. 그래서 사람들은 친구든, 애인이든, 가족이든, 같은 취미를 가진 동호회 회원이든, 온라인 채팅 상대든 간에 다른 사람을 꼭 자기 곁에 두려고 하지. 이렇게 보면 사람들은 외로움을 피하기 위해 사랑을 하는 셈이네."

아빠의 말을 들으니 그렇겠다 싶었습니다. 가끔은 나도 혼자 있는 것이 편하다고 느끼기도 하지만, 결국 심심하고 허전해져서 친구들한테 전화를 걸기도 하니까요.

"아빠가 지금 한 말을 잘 기억하렴. 사람들이 외로움을 피하기 위해 사랑을 한다고 했지, 사랑을 받는다고 하지는 않았어. 사랑은 주고받는 것이지만, 받은 다음에 그 양을 계산해서 다시 돌려주는 거래가 아니야. 더욱이 사람들은 흔히 사랑을 하는 것보다는 사랑을 받는 것을 꿈꾸고 있어. 그러고는 상대방이 사랑해 주지 않는다고 화를 내거나 토라지곤 하지. 심지어 '당신이 나한테 해 준 것이 뭐가 있냐?'고 말하기도 하잖아. 연인끼리, 친구끼리, 그리고 부모와 자식 사이에도 말이야."

갑자기 가슴이 뜨끔했어요. 나도 엄마한테 내게 해 준 게 뭐가 있냐고 대든 적이 있거든요. 화가 나서 한 말이지만, 그래 놓고 내내 후회했어요. '이런 내 마음을 알아주겠지.' 생각하면서 엄마한테 사과도 하지 않았던 것이 찔렸습니다.

"그런데 아빠, 사랑하는 사이라면 자세히 이야기하지 않아도 서로 마음을 다 알고 있는 거잖아. 잠깐 토라져도 결국에는 다시 좋아지게 되는 거잖아."

아빠는 고개를 가로저으며 말했습니다.

"언제나 그런 것은 아니지. 토라졌다가 더 심하게 싸우고 관계를 끊는 경우도 많아. 친구 사이에도 그렇잖아. 그건 그렇고, 사람들은 외롭기 때문에 꼭 천생연분이 아니더라도 적당한 상대를 만나면 그냥 사랑이라고 느끼기도 해. 사랑을 받는 것이라고 알고 있으니까 그냥 행운만 있으면 사랑이 이루어진다고 생각하는 거야. 그래서 그 행운을 기다리지. 동화 속에서 백마 탄 왕자를 기다리는 공주처럼 말이야."

아빠는 마치 내 마음을 들여다보듯이 말했습니다. 사실 나도 로미오 같은 남자를 만나면 줄리엣처럼 멋진 사랑을 할 수 있을 거라고 생각하고 있었어요. 백마 탄 왕자가 나타나면 백설공주처럼 아름답게 사랑을 나누고, 나를 알아보는 왕자가 나타나 『신데렐라』에서처럼 내 발에 맞는 구두를 신겨 줘서 행복할 거라고 생각했거든요. 그런 사람이 나타날 때까지 나는 그저 운명의 남자를 기다리기만 하면 된다고 생각했어요.

"하지만 사랑은 그런 식으로 저절로 이뤄지는 게 아니야. 사랑은 기술이거든!"

뭐라고, 사랑이 기술이라고요? 아빠가 사랑과는 거리가 멀 것 같은 '기술'이라는 말을 쓰니까 이상했습니다. 드라마에서 바람둥이 남자가 여자를 꼬일 때 쓰는 말장난이나 상대방을 감동시키는 선물 같은 것이 떠올랐어요. 아빠는 그런 의미에서 기술이라고 말한 것이 아니라고 했지만요. 그림을 그리려면 붓을 다루는 기술이나 구도 잡는 법을 배워야 하듯이, 사랑을 하려면 그에 맞는 지식을 익히고 노력을 해야 된다는 뜻이래요.

아빠는 『사랑의 기술』의 첫 장을 펼쳐 보였습니다. '사랑은 기술인가?'라는 제목이 쓰여 있었어요. 아빠가 대학생 때 읽은 책이라니 무척 어려울 것 같았어요. 다행히 아빠가 책 내용을 쉽게 풀어서 설명해 주었습니다.

"사랑의 문제를 '사랑하는' 문제가 아니라 '사랑받는' 문제라고 생각하니까, 어떻게 하면 사랑받을 수 있을지에만 관심을 갖게 되는 거야. 그래서 다른 사람에게 선택받기 위해 남보다 더 예뻐지려 하고, 돈을 더 많이 가지려 하고, 더 똑똑해지려고 해. 그런가 하면 어떤 사람은 무작정 천생연분을 기다리기도 하지. 때가 되면 만날 것이라며 아무 노력도 하지 않고 기다리기만 하는 거야. 내 모습을 있는 그대로 사랑해 줄 줄 알아야 진짜 나를 사랑하는 사람이라고 하면서 사랑을 배우지 않는단다. 모두 적당한 때에 적당한 사람만 만나면 불꽃처럼 화끈하게 사랑할 거라고 믿고 있어서 그래."

"하지만 아빠, 한 번의 만남으로 바로 사랑에 빠지는 게 훨씬 더 멋있잖아. 드라마에서도 그러고."

"그래도 정말 그런 것은 없어. 멋진 영화나 드라마 속 이야기는 우리를 즐겁게 해 주려고 만든 환상인 거야. 환상은 즐거움을 주지만 너무 환상에만 빠져 있으면 현실과 차이가 심해 더 큰 슬픔을 얻는단다. 예를 들어 가난한 거지가 부자가 되었을 때를 상상한다고 해 봐. 잠시 동안 기쁨을 얻을 수는 있겠지. 하지만 거지가 환상에 푹 빠져 진짜 부자처럼 행동하려고 든다면 어떨까? 미친 사람 취급 받겠지? 또 실제로 환상에서 깨어나면 상처를 더 많이 받게 될 게 뻔해. 마찬가지로 우리가 사랑에 대한 환상에만 빠져 있다면, 진짜 사랑은 한 번도 하지 못한 채 상처만 받게 될 거야."

"그럼 어떻게 해야 돼?"

"생각을 바꿔야지. 참된 삶을 살려고 열심히 공부하듯이, 사랑을 하려면 사랑에 대해서도 공부를 해야 돼. 사랑도 공부가 필요한 기술이라고! 사실 아빠도 부부학교에 가서야 겨우 깨닫게 된 거지만 말이야."

아빠 말이, 사랑하는 사이니까 그냥 '말하지 않아도 알겠지.' 하며 넘어가는 것은 좋지 않대요. 고맙다거나 사랑한다고 꼭 표현을 해야 사랑을 지속할 수 있다고 했어요. 아빠는 부부학교에서 사랑을 느끼는 것과 함께 사랑을 표현하는 기술도 배웠대요. 서로 대화하는 법도 배우고, 포옹하고 키스하고 함께 노는 법까지 새로 배웠답니다. 사랑의 기술을 배웠더니 확실히 더 크고 깊은 사랑을 느끼게 되었다고도 했습니다.

"에리히 프롬은 사람들이 외로움을 피하기 위해 사랑을 한다고 했어. 또 어떤 이는 결국 '개인 욕구 충족'이라는 최종 단계를 위해 사랑의 바퀴를 계속 돌린다고도 했지.[6] 사랑도 돈이든지 성적 욕구든지 자기가 원하는 것을 얻기 위해 한다는 거야. 그래서 원하는 것을 얻으면 관계가 멀어졌다가 필요하면 다시 가까워지고, 또다시 다른 욕구를 해결하고 하는 식으로 진행된다는 거야.

내 경험으로 봐도 분명 이기적인 마음으로 사랑을 시작하기는 해. 하지만 사랑을 하면 상대방을 살피게 되고, 상대방을 위해 자신의 이기적인 욕심을 억누를 때도 있어. 상대방이 불행한 것을 못 보니까 문제를 해결해 주러 나서기도 하지. 그래서 에리히 프롬은 사랑을 하면 상대방과 관련된 모든 것을 사랑하게 된다고 했어. 결국 시작은 이기적인 마음이라고 하더라도 그 마음을 벗어나야 위대한 사랑이 이루어지는 거야. 계속 받기만 하려는 이기적인 마음으로는 사랑을 이룰 수 없단다."

아빠의 말을 듣다 보니 그냥 일방적으로 받는 사랑만을 생각한 내가 부끄러워 저절로 고개가 수그러졌어요. 아빠가 계속해서 말했습니다.

"에리히 프롬은, 사랑은 능동적인 활동이지 결코 수동적으로 주어지는 결과가 아니라고 말했어. 즉 사랑은 두 사람이 함께 사랑의 바다를 항해하는 것이지, 어느 누가 한 사람에게 일방적으로 빠져들어 허우적거리는 것이 아니라는 거야. 아빠는 규린이가 한번 찬찬히 생각해 보기를 바란단다. 드라마나 노래 가사에 나오는 집착을 사랑이라고 생각하거나, 노력 없이 저절로 얻는 것을 진정한 사랑이라고 여기고 있는 건 아닌지 말이야."

나는 고개를 끄덕였어요.

"그런데 아빠는 사랑에 대해서 언제 이렇게 많이 알게 되었어?"

아빠는 빙그레 웃으며 말했어요.

"나도 사랑에 대해서 아직 잘 몰라. 다 알고 있다고 생각했는데 아니었어. 나는 내가 결혼을 했으니 사랑의 요소인 정열, 헌신, 친밀감을 다 보여 주었다고 생각했던 것 같아. 엄마도 비슷한 생각을 하고 있었다고 부부학교에서 그러더구나. 엄마와 아빠는 서로 사랑하는 것을 적극적으로 표현하기보다는, 상대방에게 사랑을 받는 것으로 자신의 사랑을 인정받고 싶어 했던 거야. 그러다 보니 서로 기대가 커지고, 결국 서운함만 많아졌지. 우리는 사랑한다면서 서로 얼마나 서운한가만 목 터지게 이야기한 거야. 정작 사랑을 실천하지 않고 불평만 하며, 오히려 사랑과 반대되는 행동을 한 셈이지."

"그럼, 부부학교가 엄마와 아빠의 사랑을 확인하는 데 큰 역할을 한 거네."

"그래, 확실히 부부학교가 큰 도움이 되긴 했어. 그렇지만 그것도 우리 의지가 없었다면 아무 소용 없었겠지. 학원이니 과외니 아무리 유명한 선생님을 모셔 놓아도 공부할 의지가 없으면 효과가 없는 것처럼 말이야."

"아, 됐어. 아빠는 꼭 공부 이야기로 연결시키려고 하더라. 나도 알아서 잘한다고."

"넌 공부 이야기만 나오면 민감하게 듣더라. 아빠는 그런 뜻이 아니었는데……."

나는 아빠에게 살짝 눈 흘기는 시늉을 했고, 아빠도 껄껄껄 너털웃음을 웃었습니다. 어쨌든 사랑에도 기술이 필요하고 의지가 있어야 한다는 아빠의 말은 내 마음에 깊이 남았어요. 나는 늘 우연적인 사건이나 운명적인 사랑만 생각했거든요. 그런데 아빠의 말에 따르면 사랑은 준비한 사람에게 찾아올 수밖에 없는 것 같아요. 사랑하겠다는 적극적인 의지와 용기 같은 마음의 준비 없이 그 어떤 만남에서도 사랑이 이루어질 수 없다는 것이지요. 준비가 안 되어 있다면 상대방에게 반할 수는 있어도 행복한 사랑을 할 수는 없다는 아빠의 말에 나는 좀 두려워졌어요. 내가 과연 잘 준비할 수 있을까 하는 생각에 말이죠.

아빠는 사랑에 대해 올바른 생각을 갖는 것도 사랑을 잘 준비하는 방법이라고 말했습니다.

"사람들은 변하지 않는 사랑을 얻게 된다면 정말 행복할 거라고 생각해. 자신의 의지로 사랑이 변하지 않게 할 수 있다고 믿기도 해. 그러면서 그 징표로 다이아몬드를 나눠 갖기도 하지. 다이아몬드가 세월이 흘러도 변치 않는 찬란한 빛을 지니는 것은 사실이지만, 변하지 않는다는 것이 반드시 좋은 것만은 아니야. 사랑을 하는 바로 그 사람도 나이가 들수록 신체적으로나 정신적으로 계속 변하잖아. 그런데 어떻게 변하지 않는 사랑을 할 수 있겠어.

오히려 계속 변하는 상황에 맞게 사랑의 형태와 내용을 바꾸어야 오랫동안 사랑을 지킬 수 있겠지. 다시 말해, 끊임없이 변하는 것이 변하지 않는 사랑을 유지하는 비법이라고 할까? 70대 할아버지 할머니가 20대 커플처럼 말을 주고받으며 손발 오그라들게 사랑을 나눌 수도 있겠지. 하지만 청춘 시절처럼 밤을 새워 가며 함께 노는 식으로 열정적인 사랑을 하기는 힘들 거야. 돌이킬 수 없는 일에 매달려 변한 것을 아쉬워하거나 사랑을 포기하기보다는, 변화에 맞게 자신들이 할 수 있는 부분에서 사랑을 보여 주는 것이 더 좋겠지."

아빠는 말을 멈췄다가, 이내 무엇이 생각난 듯 다시 말을 이었습니다.

"사랑은 자주 보석에 비유되기도 하지만, 사랑의 실상은 많이 달라. 사랑은 보석이 자신의 빛을 자랑하는 것과는 다른 것으로 채워져 있지."

"그게 뭔데?"

"사랑은 상대방이 나에게 반하게 하기 위해 끊임없이 좋은 모습을 보여 주는 것이 아니야. 그러니까 사랑은 다이아몬드 감상 같은 게 아니야. 일방적인 감상이라기보다는 함께 보석을 만드는 협동 작업에 더 가깝지. 그래서 사랑을 하게 되면 열정적이건 헌신적이건 간에 '동반자'라는 표현을 자연스럽게 쓸 수 있나 봐. 그저 자랑할 수 있는 면만 두드러지게 하여 그것만 보이려고 하는 것이 아니라, 함께 만족하고 자랑할 만한 것을 만들려고 노력하는 게 바로 사랑이지. 그래서 때로는 상대방의 안 좋은 면도 살피고, 그것 때문에 상처가 났다면 보듬어 줄 수도 있는 거야. 만약 다이아몬드를 감상할 때처럼 상대방의 단점을 보기 싫다고 무시한다면, 그것은 계속 안 좋은 상태로 남아 있겠지. 그러나 관심을 갖고 끌어 주면 불완전한 부분도 아름답게 바뀔 수가 있는 거야. 그래서 사랑은 부족한 것도 넘치게 채울 수 있는 마력이 있다고 하잖아."

"사랑은 그저 좋은 것만 나누려고 노력하는 것이 아니구나. 나는 가장 좋은 것을 주려는 마음이 사랑이라고 생각했어."

아빠는 조금 머뭇거리며 말했습니다.

"음……. 네 말도 완전히 틀린 건 아니야. 상대방을 위해서 좋은 것을 주려는 마음은 위대해. 그리고 그게 사랑의 주요 요소인 것도 틀림없어. 하지만 그 마음에만 머물러 있으면 반쪽 사랑밖에 안 된단다. 사랑한다면 좋은 것만 주고받아야 한다는 잘못된 생각 때문에 상대방이 힘든 일을 하소연하면 어쩔 줄 몰라 하거나 실망하고, 결국 다투게도 되지. 살다 보면 좋은 일도 있고 나쁜 일도 있는 건데 좋은 것만 달라고 하면 어떻게 되겠니? 사랑이 아니라 부담을 더 느끼는 사이가 되어 버리겠지. 사랑은 어려운 일을 당했을 때 함께 이겨 내는 남다른 관계여야 하는데, 어려운 일이 생기면 오히려 더 멀어지게 되니……. 너도 반쪽이 아니라 온전한 사랑을 하고 싶지? 그러니 슬프거나 즐겁거나, 좋거나 힘들거나 무엇이든 함께 주고받으려고 해야 하는 거야."

아빠와 긴 대화를 나누면서 나는 처음에 가졌던 의문이 풀렸습니다. 사랑은 주는 것입니다. 그리고 그것을 바탕으로 받는 것입니다. 그런데 얼마나 주고 얼마나 받아야 행복할까요? 나는 아빠에게 다시 물었습니다.

"그런데 아빠, 아무리 사랑한다고 해도 내가 준 것보다 적게 돌려받으면 억울하지 않을까?"

"사랑이 아니라 이익을 내야 하는 거래라면 네 말이 맞겠지. 하지만 아까 말했듯이 사랑은 애초에 수동적으로 받는 것이 아니라 능동적으로 주는 거야. 그것도 다른 사람 것을 가져다주는 것이 아니라, 자기 안에 있는 가장 생명력 넘치는 것을 주는 거야. 사랑을 하면 돈을 주거나 보석을 줄 수도 있어. 하지만 그것은 사랑을 표현하는 것일 뿐이지 사랑 그 자체는 아니야. 그런 선물에 담긴 마음이 중요한 거야. 그 마음은 절대 희생이 아니라고.

만약 희생한다는 생각으로 준다면, 그것은 이미 사랑의 생명을 잃은 거야. 사랑이라고 부르면 안 되지. 주는 것 자체가 큰 기쁨이어야만 사랑이야. 사랑한다면 상대방이 슬플 때는 자기의 기쁨을 나눠 주고, 또 용기를 내어 자기의 슬픔을 꺼내 보일 수 있어야 해. 예쁘게 보이려고 겉모습을 치장하는 것이 아니라 자기 안에 살아 있는 것을 주는 거라고. 만약 그렇지 못하다면 둘 사이가 사랑이 아니라 다른 관계일 수 있으니 잘 생각해 봐야 해."

아빠는 단호하게 말했습니다. 그러고는 『사랑의 기술』을 뒤적여 한 구절을 읽어 줬습니다.[7]

"사랑한다는 것은 아무 보증 없이 자기 자신을 맡기고 (……) 사랑을 불러일으키리라는 희망에 완전히 몸을 맡기는 것을 뜻한다. 사랑은 믿음이며, 믿음을 갖지 못한 자는 거의 사랑하지 못한다."

그리고 아빠는 이렇게 덧붙였습니다.

"많이 갖고 있는 사람이 부자가 아니야. 많이 주는 사람이 부자지. 하나라도 잃어버릴까 봐 안달을 하는 사람은 아무리 재물을 많이 갖고 있더라도 가난한 사람이야. 그렇지 않니? 몇 층 높이로 쌓아 올릴 정도로 돈을 많이 가지고 있다고 해도 백 원 쓰는 것이 아까워 벌벌 떤다면, 결국 전 재산을 잃고 백 원밖에 없는 가난한 사람과 다를 바 없잖아. 사랑을 한다면 행복한 부자가 되어야 해. 자기가 소중히 하는 것을 다 줄수록 더 큰 부자가 되는 거야. 덜 받아서 억울하다는 생각을 한다면 그 관계는 사랑이 아니라 물건을 사고파는 관계나 마찬가지라고."

아빠와 진지하게 사랑에 대해 이야기를 나누고 나니, 나는 마음이 편안하고 행복해졌습니다. 친구들과 놀이 공원에 가서 재미있게 놀 때도 이 정도로 행복하지는 않았습니다. 아빠도 기분이 좋은지 모처럼 외식을 하자고 했어요. 마침 학교에서 언니가 돌아와, 네 식구가 함께 외식하러 밖으로 나갔습니다.

나는 밖에 나가서도 아빠 곁에 찰싹 달라붙어 팔짱을 끼었습니다. 엄마도 반대쪽에서 아빠와 팔짱을 끼었습니다. 언니는 오늘 따라 왜 이러나 하면서 우리 세 사람을 번갈아 쳐다보았습니다. 그러다 언니도 사랑의 힘에 감염되어 웃음을 터뜨리고 말았습니다. 정말 오랜만에 우리 가족 모두의 얼굴에 웃음꽃이 피었습니다. 사랑은 그것을 이야기하는 것만으로도 사람을 행복하게 만드는 힘이 있나 봅니다.

2달후...

1장

사랑은 왜 변하나요?

　나는 잠자리에 누워서 아빠와 엄마의 사랑 이야기를 다시
머릿속에 떠올렸습니다. 엄마와 아빠가 처음 만나서 서로 사랑
하게 되는 모습을 상상하니 기분이 좋아졌습니다. 나도 엄마 아
빠처럼 그렇게 사랑하고 싶어졌어요. 어느덧 상상 속 주인공이
나와 로미오를 닮은 남자로 바뀌었죠. 드라마에서처럼 즐거운
시간을 갖기도 했지만 티격태격 말다툼을 하기도 했어요.

　꼬리를 물고 상상을 이어 가다가, 초등학교 4학년 때 남자
친구가 떠올랐습니다. 갑자기 기분이 나빠졌습니다. 그 아이는
내 생일 파티 때 선물을 주면서 나를 좋아한다고 말했습니다. 다
른 친구들도 모두 있는 데서 말해서 얼마나 부끄러웠는지 몰라
요. 나도 속으로는 좋아하는 친구였거든요. 친구들이 대답을 하
라고 하도 졸라서, 나도 그 아이에게 좋아한다고 고백했지요. 정
말 그날은 무척 행복했어요. 열 살. 내가 처음으로 10대가 되는

생일날 남자 친구가 생긴 것이었으니까요. 친구들은 우리 반에 공식 커플이 생겼다며 놀렸습니다. 또 어떤 친구는 내가 너무 부럽다고 말하기도 했습니다. 하지만 두 달도 안 지나서 그 아이는 나한테 그냥 친구로 지내자고 했습니다. 나는 창피하고 속상했습니다. 좋아하면 영원히 변하지 않고 둘이 행복하게 살아야 하는 거 아닌가요?

왜 사랑이 변하는 건지 매우 궁금했습니다. 그렇지만 자고 있는 아빠를 깨워서 다시 물어볼 수는 없었습니다. 나는 얼른 컴퓨터를 켜고 인터넷에 접속했습니다. 많은 사람들이 자기 사연을 쓰고 왜 상대방의 마음이 변했는지 묻는 질문을 올려놓았습니다. 그래서 그런지 답변도 사랑이 변했다면 나쁜 사람이니 다른 사람을 사귀라고 하거나, 원래 사람의 마음은 변하기 쉽다는 정도의 답변이 대부분이었습니다. 제가 원하는 답변을 찾기 힘들었어요. 그래서 나는 직접 질문을 하기로 했습니다. 그렇지만 시간이 흘러도 아무 답도 올라오지 않았습니다. 나는 궁금한 것이 있으면 그냥 못 넘어가는 성격이거든요. 이러다 밤을 새지 않을까 걱정이 되었어요.

그러다가 '사랑에 대한 지식을 모아 놓은 사이트가 있다면 참 좋겠는데……' 하는 생각을 했어요. 나는 '사랑'과 '지식'이라는 단어를 검색어로 쳐 보았어요. 그러자 가장 인기 높은 사이트가 맨 위에 나왔습니다. '헤르메스의 사랑 지식 나눔 사이트'였습니다. 미성년자도 가입할 수 있지만 특정 메뉴는 19세 이상만 이용할 수 있다는 설명이 적혀 있었습니다. 나는 내가 원하는 정보를 얻지 못할까 봐 엄마의 이름과 주민 등록 번호로 그 사이트에 가입했습니다. 그러고 나서 내가 궁금해 하는 것을 찾았습니다. 다행히 내 궁금증을 풀어 줄 만한 글이 여러 개 올라와 있었습니다. 그 가운데 내 눈을 사로잡는 제목이 있어 열어 보았습니다.

사랑은 아무리 길어도 18개월이면 변하게 되어 있다

ID : 생물학짱

"사랑에도 유통 기한이 있다면 내 사랑은 만 년으로 하고 싶다."
이 말은 영화 〈중경삼림〉에 나오는 대사다. 하지만 사랑의 유통 기한은 10년은커녕 적게는 18개월, 많게는 900일 정도다. 이 글을 읽는 사람 가운데에는 3년 넘게 애인과 잘 사귀고 있다며 고개를 젓는 사람도 있을 것이다. 하지만 솔직하게 자신한테 물어보시라. 정말 그 시간 동안 내내 불같이 사랑하기만 했는지 말이다. 앞서 말한 유통 기한은 인간의 뇌에서 분비되는 화학 물질을 기준으로 통계를 낸 수치다. 즉 개인 차이가 있고 심리적으로 그렇게 느끼지 않을 수도 있지만, 생물학적으로 보면 엄연한 사실이라는 말이다.
우리는 '사랑을 느낀다.'고 하지만, 사실 '뇌에서 사랑과 관련된 화학 물질이 분비된다.'고 하는 게 정확한 표현일 것이다. 우리는 좋아하는 사람을 보면 기분이 좋아지고, 가슴이 뛰고 얼굴이 달아오른다. 이것은 화학 물질인 도파민(dopamine)과 아드레날린(adrenalin)이 분비되기 때문이다.
도파민은 일반적으로 사랑의 초기 단계에 생성되는 호르몬이다. 이는 사랑으로 발전할 수 있는 기본 바탕인 호감이 생겼을 때 분비된다. 도파민이 분비되면 각성제를 먹은 것처럼 기분이 상쾌해진다. 이것이 바로 사랑의 초기 단계에 주로 느껴지는 감정 아닌가?

사랑의 감정이 더 강해지면 아드레날린이 분비된다. 아드레날린은 도파민과 마찬가지로 각성 효과가 있지만 훨씬 더 강력하다. 아드레날린은 보통 위급한 상황이 닥쳤을 때 분비된다. 심장 박동 수를 늘려서 혈액 순환을 빠르게 해 몸 안의 에너지를 필요한 곳에 보내기 위해서다. 큰 호감을 주는 상대를 만났을 때도 그에 반응해서 아드레날린이 분비된다. 그 때문에 가슴이 콩닥콩닥 뛰고, 얼굴이 달아오른다.

하지만 이 정도만 가지고 사랑을 느낀다고 할 수는 없다. 상대방을 내 사람으로 꼭 만들고 싶은 마음, 강렬하게 신체 접촉을 하고 싶은 마음이 들어야 사랑이라고 하지 않는가?

그렇게 사랑에 대한 욕망을 느끼도록 만드는 것이 바로 페닐에틸아민 (phenylethylamine)이다. 페닐에틸아민이 분비되면 성욕이 더 커진다. 상대방에게 집착하게 되어 자꾸 보고 싶고, 밤새 전화를 하게도 된다. 그리고 기회만 되면 신체 접촉을 하려고 한다. '19세 이하 관람 불가' 영화에서나 나올 법한 야한 상황도 떠올리게 된다.

이런 페닐에틸아민이 계속 분비되면 소가 닭을 보듯 서로 심심하게 바라보는 권태기란 있을 수 없을 것 같다. 하지만 약을 계속 먹으면 내성이 생겨 효과가 사라지는 법이다. 진통제나 항생제, 감기약 같은 것도 처음에는 효과를 보지만 자주 먹으면 결국 효과가 줄어들지 않는가? 뇌 속에 있는 '사랑의 묘약'인 페닐에틸아민도 마찬가지다. 호르몬에 대한 내성이 생기면 뇌는 더 이상 흥분하지 않는다. 더 나아가 싫증을 내게 된다.

똑같은 대상에 대해서 페닐에틸아민이 활성화되는 기간은 약 18개월로 알려져 있다. 강렬한 키스나 섹스를 할 때 분비되는 호르몬인 옥시토신(oxytocin) 역시 약 18개월이면 내성이 생긴다. 결과적으로 마냥 좋기만 한 사랑도 18개월이 되면 위기가 닥치는 셈이다.

앞서 살펴봤던 도파민의 경우에는 900일 정도면 내성이 생긴다고 한다. 따라서 900일 정도가 되면 여러 가지 사랑의 호르몬이 충만했던 뇌는 이성적으로 판단을 하게 된다. 그냥 넘어갔던 부분이나 상대방의 단점이 눈에 콕콕 들어온다. 눈에 보이는 좋지 않은 점을 지적하다 보면 서로 싸우게 되고, 별다른 노력을 하지 않으면 사이가 멀어지게 되어 있다. 결국 사랑의 유통 기한은 18개월에서 900일인 셈이다.

사람의 행동과 마음이 이렇게 뇌에서 나오는 화학 물질로 설명될 수 있다니 나는 너무도 놀라웠습니다. 한편으로는 정말 그럴까 하는 생각도 들었어요. 학교에서 배운 속담이 생각났거든요. "열 길 물속은 알아도 한 길 사람 속은 모른다." 선생님은 그만큼 사람의 마음이 복잡하고 오묘하다는 뜻이라고 말했습니다. 그런데 '생물학짱'의 글을 보면 가장 복잡하다

싶은 사랑의 시작과 끝이 너무 단순합니다. 그래서 왠지 믿음이 가지 않았어요. 나만 그런 것은 아니었나 봐요. '생물학짱'의 글에는 여러 댓글들이 달려 있었습니다. 가장 눈에 띈 것은 스턴버그 교수의 이론과 생물학 지식을 가지고 대답을 한 것이었어요. 원래 글을 쓴 사람의 아이디를 바꿔서 제목을 올린 것도 재미있었습니다. 무엇보다도 내가 생각한 속담과 비슷한 얘기가 쓰여 있어서 반가웠습니다.

생물학짱~나, 사랑의 유통 기한이 전부는 아니다

ID : 똥고양이

생물학짱 님! 님의 말이 맞다면 우리는 어떻게 행동해야 할까요? 18개월이 되기 전에 재빨리 상대를 바꾸는 바람둥이가 되어야만 할까요? 만약 그렇다고 말씀하신다면 '짜증 지대로' 나게 생물학을 이해하시는 거지요.

우리는 사랑의 유통 기한 때문에 꼭 바람둥이가 될 필요는 없습니다. 스턴버그 교수의 삼각형 이론을 보면 사랑에는 열정만 있는 것이 아니니까요. 사랑의 요소로는 친밀감과 헌신도 있습니다. 생물학짱 님께서는 주로 열정과 관련된 호르몬 지식을 소개하셨습니다. 하지만 도파민은 사랑의 초기 단계 특성상 사랑의 다른 요소인 친밀감과도 관련이 됩니다. 그러니 도파민이 계속 분비될 수 있도록 상대방에게 끊임없이 관심을 기울여 상대방의 새로운 면을 발견한다면 사랑을 지속할 수 있습니다.

철학자 버트란드 러셀(Bertrand Russell)은 "인간의 마음이란, 갖가지 경우의 수가 나올 수 있는 야릇한 기계다."라고 말했습니다. 1년, 2년을 만났다고 해서 어떻게 그 사람을 다 안다고 하겠습니까? '당신은 이런 사람이지.'라고 쉽게 생각하지 않고, 상대방의 마음과 행동에서 보이는 세세한 변화에 집중한다면 매번 다른 사람처럼 느낄 수도 있습니다. 물론 상대방도 때에 따라서 지루하지 않게 새로운 옷이나 머리 모양으로 스타일을 바꾸고, 항상 자기 계발을 해서 새로운 모습을 보여 주려는 노력을 해야겠지만 말입니다.

그리고 스턴버그 교수의 이론에 따르면, 정열뿐 아니라 헌신이 있어야 사랑을 유지할 수 있습니다. 지속적으로 헌신하려면 상대방을 너그럽게 이해하고 자신의 감정이 안정되어 있어야 합니다.

뇌에서 분비되는 화학 물질 중에는 세로토닌(serotonin)도 있습니다. 도파민이 각성제라면 세로토닌은 안정제 역할을 합니다. 세로토닌은 상대방이 못되게 굴어도 반격하려고 하는 공격성을 억제하는 호르몬입니다. 다른 사람과 원활한 사회적 관계를 유지하는 데 중요한 역할을 하고 있지요. 끔찍한 죄를 저지른 범죄자는 세로토닌의 분비가 적은 것으로 밝혀지기도 했습니다.

세로토닌이 사랑과 무슨 상관이냐고요? 사랑을 하다 보면 마냥 좋은 것이 아니라 상대방이 주는 상처 때문에 고통스러울 때도 있습니다. 그래서 다툴 수도 있지요. 그런데 열정에 활활 불타오를 때는 별 문제가 없지만 열정이 식은 상태에서는 사소한 것도 큰 싸움으로 번져 둘의 관계가 깨지기 쉽습니다. 그러나 세로토닌 분비가 원활하다면 공격성이 억제되어 서로를 용서하고 이해할 수 있습니다. 그러면 사랑의 유통 기한을 훌쩍 넘겨 사랑을 할 수도 있지요.

생물학짱 님이 말씀하신 것처럼 사랑은 뇌에서 분비되는 화학 물질에 의해서 느껴지는 감정이 맞습니다. 그렇지만 뇌에는 제가 말씀드린 것처럼 사랑의 다른 요소와 관련된 화학 물질도 있습니다. 그리고 무엇보다도 그 뇌는 바로 자신의 뇌입니다. 우리 자신의 노력과 의지에 의해서 변화시킬 수 있는 부분이 분명히 있습니다.

나는 '똥고양이'의 글을 읽고 기분이 좋아졌습니다. 그리고 그 아래 달린 '낭만 쥐돌이'의 댓글도 내 마음을 편안하게 해 주었습니다.

헛된 생각을 버리면 사랑과 행복이 달라집니다

ID : 낭만 쥐돌이

사랑은 원래 변하게 되어 있지 않나요? 우리 자신이 계속 변하니까요. 방금 전과 비교해 보세요. 우리 몸의 세포는 끝없이 생장 소멸하고 있어서 겨우 1분 전과도 다릅니다. 그리고 우리 머릿속에 떠오르는 생각도 다르고, 하고 싶은 것도 다르고, 놓인 상황도 다르고, 눈앞에 있는 사람의 상태도 다르고, 사회적 환경도 달라집니다. 모든 것이 변하는 가운데 어떻게 사랑만 변하지 않는다고 말할 수 있겠습니까? 사랑하는 두 사람이 변하고, 그 주변의 것이 다 변하는데 말입니다.

그래요. 네, 사랑은 변합니다. 그런데 변한다고 다 나쁜 것은 아닙니다. 좋았던 감정이 나쁜 쪽으로 변하는 경우가 더 많은 것이 사실입니다. 그렇지만 나빴던 감정도 좋아질 수 있습니다. 한번 나빠진 것으로 끝이 아닙니다. 왜냐고요? 사랑은 변하기 때문입니다.

사랑이 변하는 사이에 상처를 받고 그 고통을 이기지 못해 끝내 헤어지는 사람도 있을 수 있어요. 하지만 사랑은 변하지 말아야 한다며 아닌 줄 알면서도 억지로 관계를 이어 가기보다는, 그 사람과는 헤어지고 더 사랑할 수 있는 상대방을 찾는 것이 좋습니다. 사랑을 하는 것은 행복해지기 위해서인데, 고통만 준다면 그것은 이미 사랑이 아닙니다. 사랑이 변하지 않는다는 생각이나 사랑은 변하지 말아야 한다는 생각을 버리면, 오히려 더 큰 사랑을 할 기회를 얻을 수 있습니다. 관점을 바꿔 어떻게 하면 사랑을 좋게 변화시켜 행복하게 될 것이냐를 생각할 수 있으니까요.

이 글들을 읽으며 사랑은 변하지 말아야 한다는 생각은 바보 같다는 것을 깨달았어요. 그리고 부부학교를 다녀온 엄마와 아빠가 더 사랑하는 사이로 변한 것을 보면, 변한다는 것이 무조건 다 나쁜 것은 아닌가 봐요. 좋은 쪽에서 나쁜 쪽으로 변하는 것만 보는 것이 아니라, 나쁜 쪽에서 좋은 쪽으로 변하는 것을 생각한다면 말이에요.

8장

섹스를 해야만 진짜 사랑하는 것인가요?

다음 날 학교에 갔다 와서 나는 컴퓨터부터 켰습니다. 내가 전날 인터넷에 질문을 올려놓을 때 점수를 걸었는데, 누가 답을 하기 전에 질문을 삭제하려고 했습니다. 한 달 사이에 질문을 너무 많이 해서 마지막으로 갖고 있던 점수였거든요. 하지만 이미 답변이 많이 올라와 있었습니다. 아쉽지만 약속은 약속이니까 가장 좋은 답에 점수를 줘야겠다고 생각했습니다. 그래서 답을 살펴보는데, 도저히 점수를 주고 싶지 않은 것들이었습니다. "사랑을 변하지 않게 하려면 결혼을 해서 상대방을 옭아매야 한다.", "당신이 재벌 상속자인데도 과연 사랑이 변할까?" 같은 마땅치 않은 답변뿐이었습니다. 심지어 "사랑한다면 결혼할 때까지 같이 잠을 자지 마라. 남자는 섹스를 하고 나면 마음이 변하니까."라는 답도 있었습니다.

성교육 시간에 섹스는 사랑하는 사람끼리 마음을 나누는

방법이라고 배웠습니다. 즉, 섹스는 서로 사랑하는 마음을 표현하고 기쁨을 나누는 방법 가운데 하나라고요. 그런데 사람들의 글을 보니 그런 것 같지 않았습니다. 정말 그런 것일까요? 나는 궁금해서 '헤르메스의 사랑 지식 나눔 사이트'를 다시 찾았습니다. 처음에 자료를 검색할 때는 잘 몰랐는데, 살펴보니 섹스에 대한 글이 아주 많이 있었습니다. 그런데 고민 상담 게시판에 글이 많이 올려져 있는 것으로 보아, 섹스는 학교에서 배운 것처럼 사랑의 기쁨이라기보다는 큰 고민거리 같아 보였습니다. 봐도 될까 잠깐 망설였지만, 너무도 궁금해서 클릭해 보았습니다. 가장 많이 추천받은 글부터 읽었습니다.

사랑에는 섹스가 있어야 하지만······.

ID : 보리 오빠

동물은 새끼를 낳기 위해서 짝짓기를 합니다. 인간도 섹스를 해서 자식을 낳습니다. 하지만 인간의 섹스에는 짝짓기 이상의 의미가 있습니다. 즉, 섹스는 자식을 낳는 것 말고도 서로 사랑의 감정을 표현하고 사랑의 관계를 더 풍부하게 만드는 측면이 있습니다.

현대 사회는 이른바 성이 개방된 사회입니다. 성에 대해서 이야기하거나 표현하거나 나누는 것이 예전보다 훨씬 더 쉬워졌습니다. 그렇다면 사랑을 표현하고 나누는 것도 쉬워진 셈이니 행복한 사람이 많아야 합니다. 하지만 이상하게도 성 때문에 고통을 받고 있다는 사람이 더 많습니다. 왜 그런 것일까요? 저는 이 질문에 대한 답을 찾으려고 여러 책을 읽었습니다. 먼저 제가 읽은 책의 내용을 소개하는 것으로 이 질문에 대한 답을 할까 합니다.

독일 심리학자인 페터 라우스터(Peter Lauster)의 책 『사랑에 대하여』(Die liebe) 19쪽에는 다음과 같은 내용이 나옵니다.[8]

"성이 우리를 자유롭게 한다는 것은 거짓이다. 자신의 성 문제만 해결하고 정신적인 사랑의 능력을 동시에 개발하지 못한 사람은 완전한 만족을 찾을 수 없으며, 좌절의 찌꺼기가 남게 마련이다. 오늘날 성은 사랑을 누르고 앞지르게 되었다. 성 그 자체가 워낙 중요시되다 보니 자주 사랑과 혼동하고 성생활이 사랑의 전제라고 단순히 믿는 사람들까지 생겼다."

저는 이 구절을 읽으면서 무릎을 탁 쳤습니다. 성이 사랑의 표현 수단인 것은 맞습니다. 그렇지만 내용이 없는 상태에서 표현을 하는 것에 대해서만 이야기하다 보니 혼란이 생기는 것이었습니다.

어떻게 하면 진실되게 다른 사람을 사랑할 수 있을지 생각과 준비를 제대로 해야만 하지요. 그런데 어떻게 다른 사람을 육체적으로 만족시킬지에 대해서만 열심히 고민합니다. 그러다 보니 섹스로 표현할 내용이 없어 허무함을 맛보게 됩니다. 맛있는 빵이라고 해서 잔뜩 기대했는데, 속은 없고 겉만 크게 부풀린 빵을 베어 문 기분이 드는 것이지요.

이렇게 되면 섹스가 기쁘지 않습니다. 오히려 배신을 당한 기분입니다. 처음에 호기심이라도 있을 때는 괜찮지만, 그다음에는 별 재미를 못 느끼게 되니까요. 그래도 자기가 올바르게 사랑하고 있는 것인지 걱정이라도 한다면 그나마 다행입니다. 어떤 사람들은 아예 섹스로 자기에게 즐거움을 줄 수 있는 사람을 찾아 나섭니다. 어느덧 섹스의 중심이어야 할 사랑에 대한 고민은 없고, 오로지 섹스가 재미있느냐 없느냐 하는 것에만 관심을 갖게 됩니다. 페터 라우스터가 책에서 한 말에 제 생각을 덧붙여 설명하자면 다음과 같습니다.

인생에는 여러 가지 문제가 있습니다. 먹는 것, 입는 것, 자는 것, 어떤 사람이 되는 것, 누구를 만나는 것, 누구와 싸우는 것, 무엇을 하는 것 따위지요. 그 문제들은 다 복잡합니다. 사랑과 섹스도 복잡한 문제입니다. 그리고 다른 문제처럼 그에 관한 인간의 마음 역시 복잡합니다.

여러분이 배가 몹시 고팠던 때를 떠올려 보십시오. 어떻게 하면 배고픔을 가라앉힐 수 있을까 그 생각만 했을 것입니다. 그래서 주변의 모든 것들이 먹을 것으로 보이거나, 멀리 떨어진 곳에서 나는 음식 냄새에도 이끌린다거나, 자기도 모르게 남이 먹는 것을 쳐다본다거나 한 경험이 있을 것입니다. 이때 세상 문제는 정말 단순합니다. 모든 것이 배고픔을 기준으로 움직입니다. 다시 말해, 먹을 수 있느냐 없느냐의 문제밖에 없는 것같이 느껴집니다.

하지만 무언가를 먹어 배를 채우고 나면 어떻던가요? 배고픔이 가라앉자마자 새로운 문제들이 떠오릅니다. 배고픔 때문에 하지 못했던 일들에 대한 걱정, 평소에 했던 고민 따위로 갑자기 다른 세상이 펼쳐집니다.

섹스도 그렇습니다. 아직 나이가 어린 사람이거나 오랫동안 섹스를 하지 못한 사람에게 섹스는 아주 중요한 문제로 보입니다. 어쩌면 다른 진지한 인생 문제나 사랑 그 자체보다 훨씬 중요해 보입니다. 그러나 섹스는 배고픔처럼 다만 그것을 하지 않았을 때 우리를 괴롭히는 조그만 문제에 지나지 않습니다.

섹스는 사랑하는 사람들이 나누는 기쁨입니다. 엄연히 사랑이 그 안에 있어야 합니다. 사랑이 고프다면 섹스로 해결할 수 없습니다. 섹스가 사랑의 배고픔을 풀어 줄 수 있는 경우는 오직 진짜 사랑을 하고 있을 때뿐입니다. 만약 사랑을 하지 않는데도 성 개방 운운하며 섹스만 즐긴다면, 그 사람은 사랑의 행위를 하는 것이 아닙니다. 성인 영화에서 본 것을 흉내 내는 것일 뿐입니다. 이렇게 되면 섹스는 마치 에어로빅 강사를 따라 체조 연습을 하는 것이나 마찬가지가 됩니다.

섹스는 그냥 운동이 아닙니다. 사랑의 의식입니다. 섹스가 먼저가 아니라, 사랑이 먼저입니다. 사랑을 하면 섹스가 따라옵니다. 그리고 사랑에는 섹스가 필요합니다. 하지만 섹스를 한다고 해서 그 자체로 사랑이 완성되지는 않습니다. 사랑은 성을 통해 풍부해집니다. 반대로 성을 풍성하게 한다고 저절로 진정한 사랑이 생기지는 않습니다. 사랑과 성의 순서를 혼동하면 절대 안 됩니다.

이 글을 읽으면서 나는 지난번에 읽었던 카사노바에 대한 글이 생각났습니다. 카사노바는 『회상록』에서 자신과 사랑했던 여자들의 이야기를 자세히 적었다고 했습니다. 그런데 정말 카사노바가 한 것이 사랑이 맞을까요? 스턴버그 교수의 이론에 따르면, 사랑을 하면 누군가에게 친밀함을 느끼고 정열을 나누고 헌신을 해야 하잖아요. 그렇다면 카사노바가 한 사랑의 요소는 많이 봐줘도 정열밖에 없는 것이 아닌가요? 카사노바의 사랑은 다른 사랑의 요소가 없고 정열만 있는 '도취성 사랑'이니 오래 가지 못하는 것이 당연합니다. 그러니 모든 요소가 골고루 있는

'성숙한 사랑'이 아닙니다. 나는 문득 스턴버그 교수의 이론을 다룬 다른 글은 없을까 궁금해졌습니다. 마침 예전에 지식 검색 사이트에서 봤던 '스턴버그 사랑'이라는 아이디를 쓰는 사람이 올린 글이 있었습니다.

동화와 외설 영화는 모두 올바른 사랑의 이해를 막는다[9]

ID : 스턴버그 사랑

사랑과 섹스에 대해서 오늘날 그 어느 시대보다 말이 많습니다. 그런데 생각해 보면 안타깝습니다. 그 많은 말들이 사랑의 이해를 돕기보다는 오히려 오해를 부추기고 있지요.

아이들이 읽는 동화는 사랑을 해서 결혼으로 끝나는 경우가 많습니다. 결혼을 해서 첫날밤에 섹스를 어떻게 하느냐에 대한 이야기는 빠져 있습니다. '동화니까 뭐 당연한 게 아니냐.' 이렇게 생각하는 분도 있겠지요. 하지만 이게 바로 커다란 허점입니다. 사랑을 육체적으로 표현하는 가장 중요한 방법에 대한 이야기 없이 사랑 이야기가 완성되니 말입니다.

어른들에게도 왜곡이 없는 것은 아니지요. 주인공들이 섹스 생각만 하는 '야동'이나 '19금' 성인 영화를 보면 사랑에 대한 현실적인 개념이 없습니다. 다양한 섹스 자세가 나오지만, 그런 행동 속에 당연히 있어야 하는 사랑의 마음에 대한 묘사가 없습니다. 주인공들은 사랑한다고 말하지만, 섹스 이외에 어떻게 상대방을 사랑하는 마음으로 어루만질 수 있는지 보여 주지 않습니다. 이런 식으로 왜곡하면 결국 섹스와 사랑을 갈라놓는 것이나 마찬가지입니다.

동화도 섹스와 정신적 사랑을 따로 생각하게 만들었지요. 성인 영화는 섹스를 강조하고, 동화는 정신적 사랑을 강조합니다. 이렇게 특정 부분만 강조한다면 사랑을 폭넓게 이해하지 못할 수 있습니다.

사랑은 몸과 마음을 다해서 하는 것입니다. 정신적인 것만 좇거나 육체적인 것만 좇아서는 안 되지요. 어린이에게 동화와 함께 성교육 자료를 통해 두 가지를 통합시키려 노력해야 하듯이, 어른도 성 자체에만 집착하지 말고 그 안의 내용인 정신적 사랑에 더 많이 신경을 써야 할 것입니다.

이 글을 읽고 나니 섹스와 사랑의 관계에 대해서 좀 더 이해가 되었습니다. 나는 '후' 하고 한숨을 내뱉었습니다. 섹스에 대한 것을 읽다 보니 나도 모르게 긴장을 많이 하고 있었나 봅니다. 의자에 앉은 채로 기지개를 켰습니다. 마음이 편해졌습니다. 그러고 나서 아무 생각 없이 사이트에 올라와 있는 글을 클릭했더니, 다시 긴장을 느끼게 하는 내용이 나왔습니다. 남자 친구와의 섹스에 대한 이야기였습니다. 자기는 별로 하고 싶지 않은데 남자 친구가 계속 섹스를 하자고 해서 고민이라는 사연이었습니다.

초등학교 다닐 때에도 남자 친구가 사랑한다면서 키스하자고 그러고 몸을 만지려고 해서 고민이라는 친구가 있었는데, 중학교에 왔더니 그런 친구들이 더 많아졌어요. 사랑한다면서 이 정도도 못해 주냐고 남자 친구가 화를 내서 오히려 미안하다고 그러는 친구들도 있대요. 그래도 성교육 시간에 배운 것도 있고,

어떤 일이 벌어질지 몰라 두려워서
남자 친구의 요구를 거절한대요. 하
지만 그것 때문에 헤어지게 되면 어쩌나 걱정도
하지요.

예전부터 이런 고민을 털어놓는 친구한테 어떻게 말해 줘야
하는지, 나도 그런 경우를 당하게 되면 어떻게 해야 하는지 몰라
서 답답했거든요. 이번 기회에 확실히 알아보자는 생각에 방문
을 잠그고 검색을 했습니다. 한참 섹스에 대한 글을 읽고 있는데
엄마나 아빠가 들어오면 정말 곤란하니까요.

남자의 섹스

ID : 보리 오빠

남자는 여자보다 섹스를 더 좋아한다는 말이 있습니다. 섹스를 위해
서라면 사랑한다는 거짓말도 서슴없이 할 정도로 말입니다. 하지만
모든 남자가 꼭 그런 것은 아닙니다.
베스트셀러 작가이면서 저명한 인생 상담가인 필 맥그로(Phillip
McGraw)가 쓴 『똑똑하게 사랑하라』(Love Smart)라는 책 158쪽에
다음과 같은 말이 나옵니다.[10]

"남자가 정말로 바라는 것은 끊임없이 섹스를 하는 것이 아니라, 자
신이 사랑하는 여자가 언제든 자신과 사랑을 나눌 마음이 있음을 확
인하는 것이다."

이것이 섹스에 대한 남자의 진실입니다. 자신과 사랑을 나눌 마음이 있는지 확인하려고 끊임없이 섹스를 요구하는 것입니다. 물론 자기가 왜 섹스를 요구하는지 모르는 남자들이 많습니다. 하지만 그 마음을 자세히 살펴보면 사랑이 있습니다. 남자도 여자와 마찬가지로 사랑받고 싶어 합니다. 남자는 남자다워야 한다는 편견 때문에 그것을 잘 표현하지 못하고 어리석게도 오로지 섹스로 표현하려고 할 뿐입니다. 그러니 만약 남자 친구가 사랑한다면서 너무 섹스만 요구한다면 이렇게 말해 보십시오.

"언제든 당신과 함께 섹스를 나눌 준비가 되어 있어요. 하지만 내가 당신과 함께 있고 싶어 하는 것은 섹스 때문만은 아니에요. 당신이 매력적이고 멋지고 재미있는 사람이라고 느껴요. 사랑을 키울 만한 것은 섹스 말고도 많이 있어요."

이렇게 말하면서, 남자 친구가 자신의 사랑을 전할 수 있고 스스로도 좋아할 만한 것을 권하면 됩니다. 그래도 계속 섹스만 하고 싶다고 말한다면 그 관계를 진지하게 다시 생각해 보세요. 단순히 성에 대한 호기심이나 당신의 벗은 몸이 궁금해 섹스를 원하는 것은 아닌지 잘 생각해 보세요. 당신이 남자 친구와 함께 하고 싶은 섹스는 사랑을 나누는 섹스이지, 남자 친구의 욕망만을 채워 주는 것이 아니잖아요?

남자 친구가 사랑을 나누는 섹스를 하고 싶다고 말한다면, 당신이 섹스를 하고 싶어 하지 않는 마음도 존중해 달라고 하셔야 합니다. 사랑은 일방적인 정열만으로 이루어지는 것이 아니라는 건 다 아시죠? 진짜 사랑해서 섹스를 하고 싶어 하는 것이라면, 기다려 달라고 하는 말에도 귀 기울여야 합니다.

만약 둘의 관계가 길게 갈 것으로 보고 있다면, 지금 당장 섹스를 하느냐 마느냐보다는 다른 문제들에 대해서 더 집중할 것입니다. 그렇지 않고 만약 둘의 사이가 오래가지 않을 것 같다면, 남자 친구는 어떻게든 자기 욕망부터 채우려 들 것입니다. 남자는 여자보다 충동적인 것이 사실이거든요. 그래서 충동적으로 사랑한다고 고백하고 섹스를 한 다음에 원래 마음은 사랑이 아니었다고 하거나, 사랑이 변했다고 말하는 경우가 많답니다. 특히 나이가 어린 경우에 섹스를 요구하는 마음속에는 사랑보다 성에 대한 호기심이 더 크게 자리 잡고 있습니다.

당신이 남자라면, 특히 어린 남자라면 여자 친구에게 섹스를 강력히 요구하기 전에 자신이 진짜 사랑을 하는 것인지 생각해야 합니다. 그렇지 않은데 억지를 부려 섹스를 한다면 여자 친구에게 상처만 남기게 되겠지요. 그것은 아름다운 사랑의 의식이 아니라 성폭행이나 다름없습니다.

당신이 여자라면, 섹스를 거부해서 남자 친구와 헤어지게 될까 봐 걱정하지 마세요. 섹스를 하지 않았다고 헤어질 사람이라면, 섹스를 해도 다른 이유를 들어서 결국 헤어질 사람이니까요. 정열만으로 다가서는 사람에게 끌려가기보다는, 먼 미래를 내다보고 깊이 사랑할 수 있는 사람을 선택하세요. 그리고 상대방에게 끌리는 것이 그에 대한 사랑 때문인지 성에 대한 호기심 때문인지 분명히 생각해 보세요.

당신이 호기심이 아니라 진정한 사랑을 느끼고 있다면 이야기가 달라집니다. 성교육 시간에 배운 것처럼 피임을 하고 섹스를 하면 됩니다. 단, 섹스는 임신과도 관련이 있으니 조심해야 합니다. 섹스는 그저 둘만의 사랑의 의식으로 끝나는 게 아니니까요. 만약에 아이가 생기더라도 책임을 질 의지와 확신이 있는지, 당신이 아이를 가졌을 때 일어날 문제는 없는지 다시 한 번 생각해 봐야 합니다.

청소년 미혼모가 모두 자신의 의지 없이 억지로 섹스를 해서 생기는 것은 아닙니다. 서로 사랑한다고 생각해서, 아니라고 말하기 힘들어서, 떠날까 봐 두려워서 섹스를 합니다. 하지만 그 결과는 아주 고통스럽습니다. 어떤 경우에는 원하던 섹스를 한 다음 남학생의 태도가 변하기도 합니다. 곧 다른 사람을 찾아 떠나지요. 원래 목적이 섹스를 많이 해서 그것에 대한 호기심을 해결하는 것이었으니까요.

아이를 갖게 되는 경우, 대부분의 남학생은 자신이 한 일에 대한 책임을 지지 않습니다. 그냥 충동적으로 행동했기 때문에, 원하지 않은 상황이 갑자기 벌어졌을 때 그에 맞는 행동을 하며 사랑을 지켜 내지 못합니다. 일이 생겼을 때 자신과 상대방의 마음을 어떻게 어루만질 수 있는지도 전혀 알지 못하지요.

물론 함께 고민을 나누거나 책임을 지기 위해 용기를 내는 남학생도 있습니다. 그러나 대부분은 책임을 피합니다. 섹스는 둘만 비밀을 지키면 될 문제였지만, 그게 임신으로 이어져 많은 사람들에게 알려질 경우 짊어져야 하는 책임과 의무에 대한 부담감을 견디지 못합니다. 그러는 사이에 연인이라 믿었던 둘 사이도 멀어집니다.

여학생은 낙태를 하거나 혼자 아이를 낳습니다. 낙태를 하면 정신적 충격도 문제지만, 몸이 아직 완전히 성숙되지 않은 어린 나이에 수술을 한 것이라 평생 신체적으로 건강한 엄마나 아내로 살 기회를 잃게 될 수도 있습니다. 혼자 아이를 낳아 길러도 인생이 달라지기는 마찬가지입니다. 섹스를 할 때는 남자 친구와 함께였지만, 그 대가로 혼자 남겨져 원하지 않은 삶을 살게 됩니다. 자신도 어쩔 수 없는 일이라며 훌쩍 떠나 버린 남자 친구 때문에 몸과 마음이 더 비참해집니다.

안타깝지만 이게 현실입니다. 사랑의 결과로 최고의 기쁨을 나누려 섹스를 했다지만, 결국 섹스로 사랑이 끝나 버립니다. 그 대신 어린 나이에 감당하기 힘든 고통이 시작되지요.

섹스는 전체 사랑의 과정을 놓고 보면 일부분에 지나지 않습니다. 섹스가 좋다고 해서 나머지 전체 인생과 아름다운 사랑을 할 기회까지 망칠 수는 없습니다. 결론적으로 말해, 당신이 남자든 여자든 진정한 사랑 없이 섹스를 하거나, 진정한 사랑을 계속할 의지 없이 섹스를 하지는 마십시오. 호기심이나 걱정, 두려움, 스트레스 따위 사랑이 아닌 다른 이유로 섹스를 한다면, 그것은 결국 기쁨이 아니라 고통만 가져다줄 것입니다.

전체 인생을 놓고 보거나 전체 사랑의 과정을 놓고 보면 섹스는 일부분에 지나지 않는다는 말이 가장 마음에 와 닿았습니다. 친구들의 고민을 듣다 보면 섹스가 아주 큰 문제여서 그것만 보게 되거든요. "키스할 때 기분이 좋으냐?", "그 아이가 만질 때 느낌이 어땠냐?", "부모님이 알까 봐 걱정이다."라는 식이었지, 정작 전체 사랑과 인생을 놓고 섹스가 어떤 의미가 있고 어떤 결과를 가져올지 생각해 보지 못했어요. 그렇지만 이 글을 읽고 나니 나이가 어리다고 사랑을 할 수 없는 것은 아니지만, 자기가 책임질 수 있는 수준에서 사랑을 해야겠다는 생각이 들었습니다. 그래야 사랑을 아름답게 지킬 수 있을 테니까요.

그런데 '보리 오빠'라는 아이디가 낯설지 않았어요. 그러고 보니 맨 처음 읽은 글도 '보리 오빠'가 쓴 것이었지요. '보리 오빠' 아이디로 글을 검색해 보니 꽤 많은 글들이 올라와 있었어요. 섹스와 관련된 글로는 다음과 같은 글도 있었습니다.

섹스의 필요성

ID : 보리 오빠

섹스는 사랑을 풍성하게 합니다. 그리고 흔히 사랑하면 섹스를 합니다. 그렇지만 섹스를 한다고 사랑이 완성되는 것은 아닙니다. 사랑이 완성되었다는 확신이 들 때 섹스를 해야 후회가 없습니다. 왜냐하면 인간은 성적 호기심을 갖고 있어서 사랑의 감정 말고도 다른 이유로 섹스를 할 수도 있거든요.

그런데 왜 사람들은 사랑을 하면 섹스를 하는 것일까요? 저는 최근 『사랑이 없는 성』(*Sex without love : a philosophical exploration*)[11]이라는 책에서 그 답을 찾았습니다. 그 책의 42쪽에는 이런 내용이 나옵니다.

"최고의 섹스를 원할 때 굳이 상대방을 찾는 이유는 우리가 다른 인간과 함께 감정을 나누고 관계를 맺고 그와 하나가 되기를 원하기 때문이다."

이게 무슨 말이냐고요? 사람들은 흔히 섹스는 기쁨을 위해서 하는 것이라고 생각합니다. 그리고 최고의 섹스를 하려면 당연히 상대방이 있어야 한다고 생각합니다. 하지만 의학 박사들이 밝힌 바로는 혼자서 성욕을 해결하는 자위가 가장 큰 기쁨을 준다고 합니다. 자위를 할 때 사람들은 흥분할 수 있도록 자신의 몸을 쓰다듬으면서 마음속으로 원하는 상대방을 떠올립니다. 그리고 현실에서 불가능한 것들까지 상상하며 마음껏 즐깁니다. 이렇듯 몸이나 정신적인 면에서 자기에게 가장 좋은 것들을 모아서 자위를 하다 보니 기분이 좋을 수밖에 없습니다.

신체적으로만 본다면 자위가 최고의 섹스인 셈입니다. 이것은 미국 워싱턴대학교의 윌리엄 마스터스(William Masters)와 버지니아 존슨(Virginia Johnson) 박사의 연구[12]에서 시작된 여러 실험 결과로도 증명이 되었습니다. 예를 들어 여자의 성기에는 클리토리스(clitoris), 즉 음핵(陰核)이 있어서 그곳을 자극하면 흥분합니다. 반면 남자의 성기를 받아들이는 질(vagina)에는 감각을 느끼는 세포가 없습니다. 그런데도 많은 여성들이 클리토리스를 자극하며 즐거움을 얻는 자위보다, 자신의 질에 남자의 성기를 넣는 섹스를 통해서 더 만족감을 느낍니다. 남자도 상상 속의 자위보다는 몸과 마음이 통하는 현실의 여자와 섹스를 하고 싶어 합니다. 이것은 섹스가 몸으로 하는 것이지만, 그냥 육체적인 문제가 아니라는 사실을 말해 줍니다. 즉 섹스는 신체적으로 얼마나 강한 감각이 전달되느냐의 문제가 아니라, 정신적으로 얼마나 교감할 수 있느냐가 더 강하게 작용하는 문제입니다.

이 사실을 곰곰이 생각해 보면, 정신적으로 교감하지 않고 상대방의 몸만 열심히 쓰다듬는 섹스가 결국 어떤 결과를 가져올지 알 수 있습니다. 간절하게 감정을 교류하고자 하는 마음이 없는 상태에서 상대방과 함께 하는 섹스는 자위보다도 못할 수밖에 없습니다. 정신적인 교류가 없다면 섹스는 처음 몇 번 새로운 것에 대해 흥분을 느끼는 것일 뿐입니다. 진정한 섹스는 단순한 흥분이 아니라 진지한 사랑의 의식입니다.

결론적으로 말하자면, 섹스는 사랑의 의식이지만 섹스를 해야만 사랑이 완성되는 것이 아닙니다. 그보다는 사랑의 완성이 진정한 섹스를 만드는 것임을 깨달아야 합니다.

'보리 오빠'는 사랑과 성에 대해 많이 알고 있는 것 같았습니다. 그런 사람은 사랑이나 섹스도 잘할까요? 이런 생각만으로도 기분이 이상해지네요. 여하튼 이렇게 많은 것을 알고 있는 '보리 오빠'가 어떤 사람일까 궁금했습니다.

그런데 나만 '보리 오빠'를 궁금해하는 건 아니었나 봐요. '보리 오빠'의 글에는 많은 댓글이 달려 있었는데, 그중에는 조금 장난스러운 글도 있었습니다. "보리 오빠야~ 님은 참 아는 것도 많고 글도 잘 쓰네요. 님과 같은 짝이 있다면 좋겠어요."라거나, "글이 무척 감동적이에요. 저와 함께 님의 사랑의 이론을 검증해 보실래요?"하며 은근슬쩍 구애를 하는 글이었어요. 심지어 자유 게시판에는 '보리 오빠'가 누구인지 묻는 질문까지 있었지요.

나는 혹시나 하고 동호회 모임에서 찍은 사진을 찾아보았어요. 하지만 설명을 해 놓지 않아 누가 누군지 알 수 없었어요. 꽤 멋진 사람이 눈에 띄기에 그 사람이 '보리 오빠'였으면 좋겠다고 생각했답니다.

하지만 언젠가 아빠가 텔레비전을 보면서 그랬지요. 사람은 계속 볼수록 정이 든다고요. 못생긴 연예인도 계속 보면 익숙해져서 괜찮고 심지어 예뻐 보이기도 하는 것은 그 때문이라고 했어요. 어쩌면 우리 아빠가 잘생겨 보이는 것도 내가 태어날 때부터 줄곧 봐서 그런 것일지도 모르죠. 아빠에게 이런 생각을 말하면 뭐라고 그럴까요? 한 지붕 아래 살며 늘 보다 보니 너도 예뻐 보이는 것이라고 받아치지 않을까 싶네요. 본전도 못 찾을 공격은 하지도 말아야겠지요?

9장

왜 야한 동영상을
보고 싶어 할까요?

섹스에 대해 어느 정도 알게 되었지만 여전히 궁금한 것이
남아 있었습니다. 사랑 없는 섹스는 의미가 없다는 말은 이해가
돼요. 하지만 사람들은 왜 야한 동영상을 보고 싶어 하는 걸까
요? 자기가 직접 하는 것도 아닌데, 왜 그것을 보면서 흥분한다
고 그럴까요? 사실은 나도 그게 어떤 건지 궁금하긴 해요. '야
동'을 봤다고 자랑하는 아이도 있어요. 인터넷을 통해 쉽게 볼
수 있대요. 어른들도 보는 사람이 많다고 해요. 왜 사람들은 '야
동'을 좋아할까요? 마침 그에 대한 글이 올려져 있었어요.

야동이 없어지지 않는 이유

ID : 소년시대

야동은 '야한 동영상'의 줄임말이지요. 그런데 야동이라고 해야만 더 야한 것 같은 기분이 들어 저는 제목을 야동이라고 뽑았습니다.

저는 신체 건강한 남성입니다. 야동을 보면서 흥분하지 않는다면 거짓말입니다. 그런데 어느 날 야동을 보다가 '내가 지금 이 나이에 뭘 하는 거지?' 하는 생각이 들었습니다. 제가 승려나 신실한 종교인은 아니지만, 야동을 보며 흥분하는 저 자신이 부끄러웠습니다. 그래서 도서관에 가서 관련 도서를 검색해 보았지요. 진화심리학이라는 분야의 책에 이에 관한 일관된 내용이 언급되어 있더라고요. 제가 종합적으로 다음과 같이 정리해 보았습니다.

최고의 성기는 뇌다. 즉, 우리는 생식기가 아니라 뇌를 통해서 최고의 쾌감을 얻는다. 실제 섹스를 할 때 만족감을 얻는 이유도 결국 모든 신체 정보를 통합하는 뇌가 있기 때문이다. 그리고 뇌는 감각을 통합하는 곳이자 생각을 만들어 내는 곳이다. 뇌를 통해서 우리는 섹스를 상상하는 것만으로도 흥분하고 만족감을 얻을 수 있다.

그런데 뇌는 인류의 진화를 통해서 발달했다. 전체 생물의 역사, 아니 인류의 역사만 놓고 보아도 현대 문명은 정말 짧은 시간에 해당한다. 700만 년이라는 인류의 진화 역사를 1년으로 놓고 본다면, 약 7천년이 된 원시 문명을 포함해 문명의 역사는 1년 중 맨 마지막 날인 12월 31일 오후에 해당한다. 따라서 진화의 결과물인 뇌를 움직이는 원리도 당연히 긴 역사를 갖고 있는 문명 이전의 원리를 따른다. 그래서 현대인인 우리는 이성이 옷을 벗고 나오면 그게 텔레비전 화면이건 인터넷 화면이건, 원시인이 그랬던 것처럼 일단 흥분하게 된다. 가짜라는 것을 이성적으로 알고 있지만, 몸은 본능적으로 반응한다.

옷을 다 벗지 않아도 몸매가 드러나는 옷을 입으면 호감이 간다. 남자는 근육이 드러나는 옷을 입으면 여자들이 더 호감을 보인다. 아예 옷 통을 벗어 근육을 보여 주면 더 호감을 보인다. 여자는 멋진 몸매가 드러나는 드레스를 입으면 남자들의 눈이 커진다. 짧은 치마를 입은 여자를 보면 넋을 놓고 쳐다본다. 자기도 모르게!

꼭 섹스를 실행할 수 있어서가 아니다. 섹스 대상이 될 잠재성이 1% 라도 있으면 일단 뇌는 상대방을 분석하고 흥분한다. 그 상대방이 현실 속에서 만날 확률이 낮은 연예인이어도 괜찮다. 심지어 현실에서 만나는 것 자체가 0%인 만화 속 주인공이어도 뇌는 흥분한다. 섹스를 떠올릴 수 있는 것이면 뇌는 좋아한다. 섹스를 해야 후손을 낳을 수 있고, 자신의 유전자를 퍼뜨릴 수 있기 때문이다.

여기에서도 확인되는 중요한 사실은, 뇌는 유전자가 애초에 프로그램으로 입력한 것을 컴퓨터처럼 성실하게 실행하는 기계라는 것이다. 뇌는 눈에 보이는 대로 판단한다. 텔레비전 화면이건 현실의 사람이건 일단 눈에 들어오면 뇌는 똑같이 원시적인 판단을 한다.

옷을 벗는 장면에서 흥분하는 것은 그렇게 이해할 수 있겠다. 그런데 남녀가 섹스를 하는 장면에 왜 더 흥분을 하는 것일까? 동성애자가 아니고 이성애자인 경우, 남녀가 섹스를 하는 장면을 여러 각도에서 비춰 주는 것을 보면 흥분한다. 더 잘 관찰할 수 있기 때문이다.

더 잘 관찰하면 왜 흥분을 할까? 그것은 인간의 '공감 능력' 때문이다. 인간의 뇌에는 '거울 뉴런'(mirror neuron)이 있다. 뉴런은 정보를 주고받는 신경 세포다. 그런데 이 뉴런 중에서도 거울 뉴런은 거울을 비춰 보듯이 다른 사람의 행동을 따라 하고 공감하게 하는 특별한 역할을 한다. 이 세포 덕분에 아이들은 어른의 행동을 배우게 되고, 다른 사람이 울면 그 감정이 어떤 것인지 알 수 있다. 그리고 영화를 볼 때 주인공에게 감정을 이입해서 감동을 받기도 하고, 분노나 행복을 느끼기도 한다. 야동도 엄연히 영상물이다. 액션 영화가 그렇듯이 다양한 각도로 모습을 보여 줄수록 뇌의 '거울 세포'는 더 많은 자극을 받는다. 야동 속 주인공이 자기 자신이 아니어도 감정 이입을 할 수 있는 것이 인간이다. 다시 말해, 야동을 볼 때는 자신도 모르게 야동 속 인물이 되어 섹스를 할 수 있다.

굳이 유명 학자의 학설이나 관련 연구 결과를 언급하지 않더라도, 사람들은 섹스를 중심으로 많이 생각하는 것이 사실입니다. 제가 올린 섹스에 대한 글 조회 수만 봐도 그렇습니다. 추상적인 '사랑'을 제목으로 뽑았을 때보다 훨씬 더 많은 조회 수를 기록하지요. 인터넷을 검색해 봐도 섹스와 관련된 사이트와 정보가 가장 많습니다. 야동을 보는 것도 이런 섹스에 대한 욕망과 관련됩니다. 직접 섹스를 하지 않아도 섹스를 하는 것과 같은 흥분을 얻을 수 있기 때문에 우리의 뇌는 자꾸 야동을 찾게 합니다. 따라서 야동이 올바르지 않다고 생각한다면 야동을 의식적으로 거부하는 노력을 해야 합니다. 일단 야동을 틀면 몸이 반응하는 것은 어쩔 수 없으니까요.

'소년시대'의 글을 읽으며, 나도 모르게 얼굴이 붉어지는 걸 느꼈어요. 야한 것에 대해서 이야기하는 것만으로도 야릇한 기분이 들었거든요. 더구나 내가 모르는 남자 아이디를 가진 사람에게서 듣다니 정말 묘했어요. 나는 모니터에서 눈을 떼고 누가 보나 싶어 괜히 주변을 두리번거리기도 했답니다. 글 아래에는 다음과 같은 댓글이 있었습니다.

야동이 없어진 이유

ID : 쥔장

어허, 소년시대여. 뭐 하자는 건가? 야동이 없어지지 않는 이유라니. 제목부터 틀렸구먼. 야동은 이미 없어졌어.

이른바 '야한 것'의 내용을 잘 보게나. 상대방이 남자든, 여자든, 동물이든 간에 얼마나 쓰레기처럼 대접할 수 있는지 보여 주는 폭력물이 되어 버리지 않았는가. 심지어 섹스에 단련된 포르노 배우도 정신과 치료를 받을 정도라네. 일본의 유명한 여자 포르노 배우는 물고문 장면을 찍다가 응급실로 실려 간 뒤 완전 폐인이 되었다고 하더군. 회사는 아무런 보상도 해 주지 않았고, 사회적으로 문제가 되자 회사 이름을 바꿔서 다시 장사를 하고 있다고 해. 그 뒤로도 여배우들 여럿이 정신적 충격으로 일을 그만둘 정도로 이제는 '야한 동영상'이라는 것이 없고, 욕이 절로 나오는 폭력물 아니면 누구하고나 섹스를 하는 '이상한 동영상'만 있다네.

자네가 원하는 섹스는 사랑의 섹스 아니었나? 사랑으로 가슴을 떨리게 하는 그런 섹스 말일세. 섹스를 하기 전에 서로 밀고 당기는 세심한 감정 변화를 보여 주고, 황홀경을 자세히 묘사하는 그런 영화를 본 지 어언 2만 년은 된 것 같네.

뜻있는 사람들이 그런 고급 영화를 다시 만든다고 해도 시장에서 살아남을 수 있을지 걱정이 되네. 이제 컴퓨터로 야동을 보던 세대가 어느덧 어른이 되었네. 사람들은 예전의 성인물이 아니라 점점 더 이상한 것을 찾고 있어. 그러니 야한 것을 만드는 사람들은 계속 묘한 것이나 가슴을 울렁거리게 하는 것이 아니라 '악독한 것'을 만들게 되네.

어떻게든 튀어야만 팔리기 때문에 점점 자극적인 내용으로 채우지. 그러다 보니 지금은 진정한 성인물이라고 말할 수 있는 것이 거의 없어. 폭력물이나 괴기물에 가까운 포르노가 그 자리를 차지하고 있지. 문제는 악독한 포르노가 그것을 싫어하는 사람에게도 강렬한 인상을 준다는 사실이야. 정신과 의사이자 시인, 평론가로도 활동하는 노먼 도이지(Norman Doidge)가 주장하는 것처럼,[13] 포르노는 뇌의 구조와 과정을 바꿔 버리지. 뇌는 스스로를 변화시키는 능력이 대단해. 자네는 뇌의 변화를 의식적으로 통제할 수 없네. 유일한 방법은 더 나빠질 수 있는 기회를 애초에 차단하는 것이야.

처음부터 변태가 되고 싶어 '야동'을 보는 사람은 없다네. 그러나 야동을 보다 보면 자신도 모르는 사이에 악독한 변태가 돼. 왜냐하면 뇌는 더 큰 자극을 받기를 원하도록 프로그램되어 있기 때문이야. 잊지 말게, 뇌는 더 강한 자극을 받게끔 스스로를 변화시키는 능력이 뛰어난 기계라는 사실을.

방송을 보게나. 음악 방송은 20년 전에는 상상할 수도 없는 수준으로 변해 버렸네. 아주 어린 아이들이 나와서 몸을 흔드는 성인 나이트클럽 쇼처럼 변하지 않았는가. 텔레비전 영화나 케이블 방송에도 자네가 어릴 적 훔쳐보던 성인 영화보다 더한 장면이 나오지 않는가. 어떻게든 시청자의 눈을 뺏어야 하기 때문에 방송은 점점 무리수를 두고 있어. 그리고 그 장면에 눈을 머물게 하는 순간, 태초부터 이어진 '진화의 부산물'인 자네의 뇌는 그 이전 상태와 다른 방식으로 작동하게 되지. 이런 과정이 계속 반복될수록 내성이 생겨 더욱 강한 흥분을 요구하게 되네.

항생제도 계속 쓰면 바이러스가 내성이 생겨 약효가 없어지듯이, 자네의 뇌는 웬만한 야동을 보고서는 반응을 하지 않게 될 걸세. 그래서 더 강한 자극을 주는 야동을 찾게 되지. 그러다가 변태가 되기도 해. 어떤 놈은 '바바리맨'이 되기도 하고, 어떤 놈은 할머니나 어린이를 가리지 않는 성폭행범이 되기도 하지. 처음부터 변태인 사람은 없네. 뉴스에 가끔 음성 변조로 나오는 그들의 말을 들어 보게. 작심하고 변태가 된 사람이 몇이나 되겠나. "처음에는 호기심으로 보다가 계속해서⋯⋯." 다들 이런 식으로 말한다네.

자네가 정말 사랑을 지키고 싶다면 자네가 말하는 야한 동영상을 끊게나. 내가 좋아하는 후배가 변태가 될 수도 있으니 걱정되어서 하는 소리네. 이 사이트의 운영자와 회원의 관계를 떠나서, 학교 선배이자 인생 선배로서 조언을 해 보네.

'쥔장'의 댓글 아래에 '소년시대'가 동의한다는 내용의 댓글이 있었어요. 두 사람은 고등학교 선후배 사이인가 봐요. 둘이 주고받은 이야기를 읽어 보니까 야한 동영상을 보는 이유와 점점 더 그 수위가 높아지는 이유를 짐작할 수 있었어요.

나는 사실 여학생이다 보니 야한 동영상을 볼 기회가 별로 없어요. 그리고 아직은 야한 동영상보다는 아름다운 동화책에 가슴이 더 뛰어요. 제가 어려서일까요? 여자라서일까요? 야한 동영상을 좋아하는 사람도 사랑을 고백할 때는 아마 동화책의 한 장면을 떠올리지 않을까 싶어요. 어쩌면 야한 동영상을 보고 싶어 하는 것도 사랑에 대한 관심 가운데 하나가 아닐까 싶기는 해요. 비록 잘못된 선택이지만. 그렇다면 그런 관심과 호기심을 발전시켜 제대로 된 사랑을 느끼게 하는 그림이나 영화를 보면 좋지 않을까요? 나중에 남자 친구와 함께 야한 동영상을 볼지도 모르지만, 지금 같아서는 사랑을 느끼게 하는 그림이나 영화를 볼 때 더 행복할 것 같아요. 그리고 그런 행복을 함께 느낄 사람을 만나고 싶어요.

10장

억지로 섹스를 하게 되면
어떻게 하죠?

　우리 언니는 고등학교 1학년이에요. 그런데 내 앞에서는 나이가 아주 많은 척, 모든 걸 다 알고 있는 척해요. 특히 내 생각을 꿰뚫어 보고 있다는 식으로 말할 때면 화가 나려고 해요. 공부든 친구 관계든 언니한테 고민을 이야기하면, "중학교 때는 그렇지. 나도 그랬어. 하지만 조금 더 크면 달라질 거야." 하며 쉽게 말해 버려요. 자기는 이제 문제없다는 듯이.

　그러나 얼마 전 그런 언니를 꼼짝 못 하게 만든 일이 일어났습니다. 학교에서 야간 자율 학습을 마치고 집으로 돌아온 언니는 양 볼이 뻘겋게 달아오르고 숨소리는 거칠었습니다. 엄마가 무슨 일이냐고 물어보았어요. 언니가 씩씩대며 자초지종을 이야기했어요.

　언니는 야간 자율 학습을 끝마치고 친구들과 함께 집으로 오고 있었답니다. 그런데 학교 앞에서 예전에 같은 학원에서 수

업을 듣던 남학생을 봤대요. 이야기를 나눈 적은 없지만, 좋은 느낌을 받았던 학생이었나 봐요. 왜 그런 거 있잖아요. 친하지는 않아도 괜히 신경 쓰여서 곁눈질로 자꾸 보게 되는 거요. 그러다가 언니가 학원을 바꾸게 되면서 못 본 지 한 달 정도 되었대요.

언니가 집까지 걸어오는데, 그 남학생이 뒤따라오더래요. 그러다가 친구들과 헤어져 아파트 단지로 들어섰는데도 계속 따라오더래요. 언니가 불안해져 발걸음을 재촉했는데, 갑자기 남학생이 뛰어와서 언니 앞을 가로막았대요. 너무 놀라 눈을 동그랗게 뜨고 남학생을 쳐다보았더니, 그 남학생이 대뜸 이렇게 말했대요.

"할 말이 있어서 왔어."

학원에서 수업을 들으며 같은 학년인 줄은 알고 있었지만, 그래도 반말을 해 대니 기분이 상했대요.

"우리 사귀어 볼래?"

남학생은 언니한테 이렇게 사랑 고백을 했대요. 그러나 갑작스레 밤중에 쫓아와서 일방적으로 밀어붙이면 관심 있던 마음도 달아나 버릴 수 있다는 걸 남자들은 모르는 걸까요? 아무튼 그 남학생은 연예인이 토크쇼에 출연해서 떠벌리는 연애담의 한 장면처럼 터프하게 폼을 잡으면서 그렇게 말했대요. 언니는 기가 막혀 자기도 모르게 헛웃음이 나오더래요. 그러자 남학생이 언니의 양 팔을 잡고 안으려고 했대요. 그런데 이 말을 하면서 언니는 얼굴이 더 붉어졌어요. 언니는 한숨을 깊이 쉬고 나서 사실은 뽀뽀를 하려 했다고 털어놓았어요. 언니는 반사적으로 고개를 숙이면서 팔을 빼려고 했대요. 그런데 그 남학생의 힘이 세서 그럴 수가 없었죠. 언니는 고개를 숙인 채로 소리를 질렀대요. 그러자 남학생이 흠칫 놀라 힘을 풀었고, 그 틈에 언니는 팔을 뺐답니다. 화가 난 언니가 쏘아붙이자 남학생은 도망갔대요. 그래서 언니도 바로 집으로 뛰어 들어온 거래요.

나는 언니의 이야기를 들으면서 가슴이 쿵쿵 뛰었어요. 언니가 못된 사람이나 변태한테 당했다면 어땠을지 생각만 해도 끔찍했어요.

엄마는 언니의 이야기를 다 듣고 나서, 당장 학원에 가서 누군지 알아내어 혼을 내 줘야 한다고 했어요. 정말로 학원에 전화를 걸려고도 했어요. 엄마가 큰 소리를 내며 흥분하자, 잠자코 있던 아빠가 엄마를 말리며 말했어요.

"지금은 너무 흥분해 있으니까 조금 진정하고, 내일 연락하지? 다행히 아무 일도 일어나지 않았고, 그놈은 찾으려 들면 언제든지 찾을 수 있으니까. 그리고 규리는 다음부터 더 조심하도록 하고."

아빠 말에 엄마는 더 흥분했어요. 언니가 잘못한 것이 아닌데 왜 언니의 조심성으로 책임을 돌리려 하느냐고. 아빠는 책임을 돌리려는 게 아니라 예방책으로 조심하라고 말한 거래요.

아빠는 성폭행 사건의 대부분이 면식범이라고 했어요. 내가 면식범이 뭐냐고 물었더니, '예전부터 알고 있던 사람'이래요. 누가 봐도 변태라고 생각되는 이상하고 수상한 사람이 아니라, 친숙하게 알고 지내던 동네 오빠, 친구, 친척 등이 성폭행을 더 많이 한대요. 그러니 늘 조심해야 한대요. 엄마는 그렇다고 해도 이런 일이 생겼을 때 피해자에게 책임을 돌려서는 안 된다고 했어요.

엄마는 그 밤에 당장 학원으로 달려가지는 않았어요. 그 대신 언니를 달래느라 우리 방에서 같이 자기로 했어요. 엄마는 자기 전에 우리한테 자신의 몸을 지키는 법을 알려 주었어요. 싫으면 싫다고 분명히 말해야 남자들이 오해를 하지 않는대요. 엄마가 우리 둘을 번갈아 보며 말했어요.

"남자들은 보통 여자에게 사랑을 증명해 달라고 말해."

나는 사랑하면 사랑하는 거지 무슨 증명이 필요한가 싶었어요. 그런데 엄마 말이 남자나 여자나 다 그런 증명을 원한대요. 여자는 따뜻한 말과 예쁜 액세서리 같은 것으로 확인하고 싶어하고, 남자는 주로 여자의 몸을 원한다고 해요. 그래서 남자를 흔히 엉큼한 늑대라고 한대요. 갑자기 엄마가 우리를 잡아먹을 것처럼 늑대 흉내를 내기에 언니와 나는 그만 킥킥 웃어 버렸어요. 그 바람에 언니는 기분이 좀 풀렸나 봐요.

엄마는 남자들이 자기가 사귀고 있는 여자의 몸은 더 궁금해한대요. 그리고 그냥 보는 것으로 만족하지 않고 꼭 만지고 확인하려고 한대요. 만약 자신의 요구를 들어주지 않으면 덜 사랑하는 것이라고 말한대요. 여자들은 싫어도 상대방의 기분을 상하게 할까 봐 딱 부러지게 싫다고 말하지 않고 얼버무리며 넘어가려고 하는데, 그러면 남자가 오해를 할 수도 있대요. 좋아하면서도 괜히 그런다고요. 그러니까 아무리 사랑하는 사람이라고 해도 아닌 건 아니라고 얘기해야 된대요.

"엄마는 그렇게 했어?"

내가 대뜸 따지듯이 묻자, 엄마는 학생 때 공부 잘했느냐고 물었을 때처럼 금방 대답이 튀어나왔어요.

"당연하지."

엄마는 아빠를 만나 사귀면서 점점 마음에 들었지만 더 조심했다고 해요. 쉽게 스킨십을 해서 오히려 마음을 확인하지 못하게 될까 봐 서로 참았대요. 마음이 확인된 다음에 키스도 하고 포옹도 했대요.

"지금도 우리는 스킨십을 하기 전에 물어보는 걸."

나는 믿기지 않아 눈을 동그랗게 떴어요. 하지만 엄마가 진지하게 이야기하는 것을 보면 사실인가 봅니다. 엄마는 자기가 안 된다고 말하면 아빠가 몸을 만지지 않는다고 했어요. 부부 사이에서도 몸을 만지는 것이 싫을 때는 안 된다고 말한다니 놀라웠어요. 그리고 상대방도 그 말을 들어준다는 것도 놀라웠고요.

엄마는 좋아하거나 사랑한다고 해서 상대방이 자기 몸을 맘대로 하게 놔두어서는 안 된다고 했어요. 자신을 사랑한다면 자기 몸을 소중히 여겨야 한대요. 또 상대방의 몸과 마음의 상처를 염려하지 않는다면 그건 정말로 사랑하는 게 아니래요. 나는 좀 이해가 되지 않았어요. 드라마에서 보면 남자가 강제로 여자에게 키스를 하거나 포옹을 해서 둘의 사랑을 확인하는 경우가 많잖아요. 하지만 분위기가 좋지 않아 엄마한테 더 물어볼 수 없었어요.

다음 날, 언니는 놀란 마음이 많이 가라앉은 것 같았어요. 그렇지만 엄마는 예전에 언니가 다니던 학원에 가서 그 남학생을 찾아 따끔하게 야단을 쳤대요. 또 그러면 바로 경찰서로 넘긴다고 했대요. 그뿐 아니라 다른 여자아이들한테도 절대 강제로 스킨십을 하려 들지 말라며 매섭게 꾸짖었대요. 멋진 우리 엄마!

지난 밤 언니 일도 있고 해서, 나는 성폭행을 당했을 때는 어떻게 해야 하는지 인터넷에서 찾아보았습니다. 먼저 '헤르메스의 사랑 지식 나눔 사이트'에 들어가 보았습니다. 그런데 성폭행을 예방하거나 사후 처리에 대한 구체적인 이야기는 찾기 힘들었어요. 그 대신 '보리 오빠'의 글 가운데 이런 글이 눈에 띄어 읽어 보았습니다.

마음의 상처를 입은 분들에게

ID : 보리 오빠

지금 이 순간이 가장 나쁘다고 생각될 때, 바로 그때 더 나쁠 수도 있었던 상황을 떠올리세요. 당신이 삶의 주인공이라는 이유만으로, 지금 지지 않아도 될 무게의 책임까지 지려고 하지는 마세요. 당신에게 상처를 준 그 사람이 당신보다 더 책임을 져야 한답니다. 자신을 괴롭히지 마세요. 그러면 앞으로 더 나쁜 상황이 벌어질 수도 있어요. 후회보다는 계획을 세우세요. 혼자 계획을 세우기 힘들다면 다른 사람의 도움을 받으세요. 사람에게 받은 상처는 사람으로 치유될 수 있습니다.

'보리 오빠'의 글은 실연당한 사람을 위한 글이었지만 그렇지 않은 사람이 읽어도 좋았습니다. '보리 오빠'의 글을 읽다 보면, 엄마가 '남자는 모두 늑대'라고 한 말이 믿기 힘들어요. 엄마는 잘 대해 주는 사람이라고 해도 남자는 무조건 조심하라고 했어요. 그 사람이 친척이나 아는 사람이라고 하더라도 말이에요. 그래도 세상에는 믿고 따를 만한 남자가 있지 않을까요?

나는 다시 검색 창에 '성폭력 대처법'이라고 쳐 보았습니다. 거기에 뜬 글은 대부분 가해자에게 책임을 물을 수 있는 조치에 대해 써 놓은 글이었어요. 특히 강제로 섹스를 하게 된 경우에는 꼭 병원에 가서 가해자의 DNA 같은 증거를 확보하거나, 반항하며 생긴 상처를 치료해야 한다는 내용이 쓰여 있었습니다. 그리고 몸에 난 상처를 치료하거나 증거를 확보하는 것만큼이나 "상담이 중요하다."고 쓰여 있었어요. 나는 뜻밖이었어요. 상담은 문제를 남에게 드러내고 분석하는 것인데, 그러면 마음의 상처가 커지거나 잊히지 않아서 안 좋은 것이 아닌가 싶었거든요.

나는 정보를 계속 찾다가 한국성폭력상담소 홈페이지(http://www.sisters.or.kr)까지 들어가게 되었습니다. 거기에는 다채로운 정보가 있었습니다. 성폭력에 어떻게 대처하는 것이 좋은지는 물론이고, 구체적인 상담 사례도 나와 있었어요. 또 여성의 입장에서 성을 어떻게 바라봐야 하는지, 그런 것도 쓰여 있었어요.

홈페이지 자료실에는 정기적으로 나오는 회보가 링크되어 있었어요. 그 가운데 가장 조회 수가 많은 글을 열어 봤습니다. 독자 참여란의 기고 글이었어요.

온몸을 다해 만나야 할 새로운 마음

이정규

저는 두 딸의 아빠입니다. 저 자신 남자이지만, 아이를 키우다 보면 여자의 입장에서 생각하게 될 때가 많습니다. 물건을 살 때도 예쁜 것을 찾아서 보게 돼요. 이왕 사는 것 우리 아이들이 더 좋아할 만한 것을 생각하게 되어, 나름대로 패션 감각이 있다는 말도 듣습니다.

그런데 이렇게 좋은 면만 있는 것은 아닙니다. 갈수록 흉악해지는 성폭력 사건을 보면 그 충격이 남다르답니다. 피해자 가족과 피해 여자아이의 입장에서 분노를 느낍니다. 한편으로는 딸 가진 것이 큰 부담이 되기도 하지요. 아들이라면 좀 더 편하게 키울 수 있을 텐데 하고 말입니다. 그런데 이런 생각마저도 성폭력을 몰아내는 데 도움이 되지 않는 성차별적 생각이라는 것을 최근에야 알았습니다.

제가 갖고 있던 성폭력에 대한 생각의 함정과 비상구를 하나씩 이야기할까 합니다. 저와 같은 아빠나 예비 아빠, 즉 남자들이 생각을 바꾸면 성폭력이 그만큼 줄어들지 않을까 싶어서입니다.

첫째, 우리는 흔히 성폭력 사건을 아주 특별한 사건이라고 생각합니다. 왜냐하면 언론에서 매일 성폭력 사건을 다루는 것은 아니거든요. 그리고 언론이 다루는 성폭력 사건은 정말 끔찍한 사건이에요. 인간으로서 어쩜 저런 짓을 할 수 있을까 싶은 생각이 드는 것들이지요. 그런데 이게 바로 생각의 함정이에요.

사실 성폭력 사건은 언론에서 다루는 것과 상관없이 자주 일어납니다. 2009년 12월 국회에 보고된 자료에 따르면, 2006년부터 2008년까지 아동과 청소년을 상대로 한 사건만 1만 6958건이 발생한 것으로 집계될 정도입니다. 1년이 365일인데, 3년 동안 약 1만 7000여 건이라면 하루에 15건 이상이라는 겁니다. 이것은 신고된 것만 집계한 것이고, 신고되지 않은 숫자까지 합치면 얼마나 많은 아이들이 성폭력을 당하고 있는지 아무도 모릅니다. 확실한 것은 언론에서 다루는 것보다 훨씬 더 많은 아이들이 성폭력으로 고통을 받고 있다는 것입니다.

즉 개인적으로는 결코 겪어서는 안 될 사건이자 흔하지 않은 것이 성폭력이지만, 사회적으로는 그리 특별하지 않은 사건 가운데 하나라는 것입니다. 이것을 인정해야만 합니다. 그래야 패륜아라며 특정 범죄자에게 극한 형벌을 주는 것과 같은 일시적인 처방이 아니라, 일반적인 문제에 맞는 대비책을 체계적으로 세울 수 있습니다.

나는 생각보다 성폭력 사건 수가 많은 데 놀랐습니다. 엄마가 늑대 어쩌고 하면서 조심하라고 말한 것이 호들갑은 아니었구나 하는 생각이 들었습니다. 나는 글을 계속 읽어 나갔습니다.

둘째, 우리는 성폭력 사건이라고 하면 흔히 여성이 피해자인 경우를 떠올립니다. 실제로 2006년부터 2008년까지 아동·청소년 성폭력 사건 피해자 중 여자가 1만 6293명으로 대부분이었습니다. 하지만 남자도 665명이 피해를 봤습니다. 즉, 여성만 피해자가 아닙니다. 그런데도 성폭력 문제를 이야기할 때 늘 자신들을 잠재적인 가해자로 만드는 것 같아 불편하다고 말하는 남자들도 있습니다. 남성을 공격하고 일방적으로 여성을 보호하기 위해서가 아니라, 잠재적인 피해자로서 남성과 여성을 함께 보호하기 위해서 활동하는 성폭력 관련 전문가가 있다는 것을 저도 최근에야 알았습니다.

성폭력을 여성의 문제라고만 생각하게 된 것은 기존의 사회 문화적 풍토에 젖어 있었기 때문입니다. 우리는 태어나면서부터 '남자다움'

과 '여자다움'을 강조하는 문화에서 키워지게 됩니다. 남자아이와 여자아이는 옷 색깔부터 다르게 입힙니다.

그리고 그에 따른 성 역할을 교육받게 됩니다. "사내아이가 왜 울어? 적극적으로 나서란 말이야." 하거나, "어허, 여자가 조신하지 못하게……" 하는 식으로 남자와 여자의 행동 규범을 나누어 가르칩니다. 그리고 그렇게 행동하는 것을 '정상'이라고 생각합니다. 그와 반대로 하면 '비정상'이라며 손가락질을 받고요.

정상적인 것에는 남자가 먼저 데이트 신청을 하는 것도 들어갑니다. 그리고 여자가 수줍게 승낙하는 것도요. 심리적 관계든 육체관계든 주도권을 남자가 가져야 정상이라고 생각하는 문화가 많습니다. 남자는 능동성을, 여자는 수동성을 가져야 한다고 강조하는 문화에서는 때때로 적극성과 폭력성을 구별하지 못하기도 합니다. 그래서 마음에 드는 여성을 납치하다시피 데리고 가서 억지로 결혼 승낙을 받는 것을 열정적인 사랑이라고 떠벌리는 남자가 생깁니다. 결혼해 주지 않으면 죽겠다며 적극적이다 못해 폭력적이기까지 한 말을 하는 남자도 있습니다. 자해를 하기도 하고, 심지어 여자를 때리거나 위협해서 승낙을 얻어 내기도 합니다. 그리고 마치 사랑 전쟁의 전리품처럼 여자를 자랑합니다.

이런 식의 문화에서는 성폭력이 사라지기 힘듭니다. 왜냐하면 그런 문화 속에서 남자는 성폭력을 자신의 사랑을 적극적으로 표현하는 하나의 방법이라고 생각하며, 사회 구성원들도 그런 것에 무감각해지기 때문입니다. 피해 여성에게는 끔찍한 폭력임에도, 가해자는 자신의 사랑을 보여 주는 적극적인 행동이었다며 오히려 하소연을 합니다. 용서할 수 없는 일인데도 어떤 사람들은 "오죽하면……", "나도 그럴 수 있었겠다.", "흔히 그렇듯이" 같은 말들을 아무렇지도 않게 내뱉기도 합니다. 그것은 '정상'이라는 탈을 쓴 불합리한 규범에 모두 젖어 있기 때문이지요.

이런 규범 속에서 자란 사람들은 성폭력 사건이 일어나면 가해자의 잔인함보다 피해 여성의 '부주의'와 '조신성'을 문제 삼게 됩니다. 남자들끼리 성적인 농담이나 사진, 영상을 돌려보는 것은 으레 그러려니 하면서도 여자가 그러면 음탕하다고 여기는 문화는 성차별적이며, 모르는 사이에 성폭력을 조장하는 것입니다. 따라서 앞으로 새로운 문화를 만들어 나가야만 근본적으로 성폭력을 막을 수 있습니다.

셋째, 우리는 자신의 의지만 있다면 성폭력 사건은 어느 정도 피할 수 있다고 생각하기도 합니다. 죽기살기로 반항했다면 성폭력을 막을 수 있었을 거라는 거지요. 답답하게도 힘없이 당한 거 아니냐는 주변의 이런 시각은 피해자의 마음에 또 다른 상처를 입히게 됩니다.

그러나 꼭 힘이 모자라거나 반항 의지가 없어서가 아니라, 성폭력 상황에 놓이면 당혹스러워 평소 생각처럼 할 수 없게 됩니다. 갑자기 맹수가 달려들면 우왕좌왕하게 되는 것처럼, 사람은 누구나 예상하지 못한 상황에 놓이면 적절한 행동을 못 하게 됩니다. 그러므로 성폭력을 당한 사람에게 주변 사람들이 해 줘야 할 것은 책임을 묻는 게 아니라, 따뜻한 위로의 한 마디입니다. 여러분이 맹수에게 물렸다고 생각해 보세요. 여러분은 어떤 말을 듣고 싶은가요?

넷째, 성폭력은 아주 특별한 조치가 필요하다고 생각하는 사람이 많습니다. 맞는 말이기는 합니다. 성폭력은 피해자의 몸과 마음을 크게 망가뜨리기 때문에 특별한 조치가 필요합니다. 그러나 특별한 조치를 강조하다 보면 오히려 성폭력의 본질을 놓칠 수 있습니다.

기본적으로 성폭력은 폭력입니다. 그리고 폭력은 자신의 힘을 증명하기 위해, 즉 다른 사람에게 자신의 힘을 인정받기 위해 순리를 어기고 억지로 하는 행동입니다.

성폭력은 힘이 있는 사람, 즉 권력자가 자신의 권력을 확인하기 위해 쓰는 여러 폭력 가운데 하나입니다. 직장 상사가 자신의 지위를 이용해 부하 직원을 성폭행합니다. 이것은 확실히 폭력입니다. 그리고 장애자가 아닌 사람이 장애자를, 자국인이 외국인 이주 노동자를 성폭행하는 것도 명백한 폭력 행위입니다. 강자라는 이유로 약자에게 못된 짓을 해도 된다면, 자신보다 더 힘센 강자가 나타났을 때 그도 마찬가지로 보호받을 사회적 장치가 하나도 없게 됩니다.

물론 그 반대로 하는 것도 명백한 폭력 행위입니다. 남자가 여자를 성폭행하는 것도 잘못이듯, 여자가 남자를 성폭행하는 것도 잘못입니다. 또, 자신이 상처를 입었다는 이유로 가해자에게 똑같은 앙갚음을 한다면 사회 안정은 영영 이뤄지지 않을 것입니다.

따라서 성폭력은 아주 특별한 조치 이전에 기본적으로 폭력으로 여기고 엄격히 대처해야 합니다. 더불어 힘이나 권력을 기반으로 한 폭력이 자리 잡을 수 없는 풍토를 마련해야 합니다. 범죄자 개개인에 대한 엄중한 처벌만으로는 성폭력을 막을 수 없습니다. 왜냐하면 앞에서도 이야기했듯이 성폭력은 일부 극악한 사람들의 '비정상적인 선택'이 아니니까요.

성폭력이 사라질 수 있는 새로운 사회 문화를 만들기 위해서는 남녀 구별 없이 모든 사회 구성원들이 참여해야 합니다. 그러나 저는 특히 남성들이 적극적으로 참여해 줄 것을 요청합니다. 그동안 다방면으로 글을 읽고 나서 나는 영화나 드라마에서 보았던 이른바 '남자다운' 사랑 행동이 성폭력일 수도 있다는 사실을 깨달았어요. 잘못된 성 관념으로 남자들이 성폭력을 저지르게 된다는 내용도 놀라웠어요. 이렇게 잘못된 성 관념이 일반적이다 보니, 텔레비전에 나와서 이런 자신의 행동을 미화해서 이야기하는 연예인까지 있나 봅니다.

또한 키스를 비롯한 신체 접촉을 하게 되는 마음이 과연 어떤 것이냐에 따라 결과가 달라진다는 생각이 들었어요. 신체 접촉이 그저 욕망이 아니라 사랑의 표현이라면, 상대방에 대한 배려 속에서 이루어져야 할 것 같아요.

나는 이제야 좀 이해할 수 있게 되었어요. 엄마가 왜 부부 사이라 해도 함부로 몸을 만지면 안 된다고 했는지를. 사랑한다면 상대방을 배려해야 하지요. 그러니 예전부터 키스나 섹스를 했던 사이라고 해도 상대방이 원하지 않으면 억지로 할 수 없는 거예요. 그게 사랑이지요.

언니를 쫓아왔던 남학생은 자신이 언니를 좋아하니까 그런 행동을 했다고 생각할 거예요. 하지만 정말 언니를 좋아한다면 언니의 마음을 먼저 살폈어야 했어요. 상대방을 존중하는 말투로, 조심스럽게 자기 마음을 고백했다면 언니도 싫어하진 않았을 거예요. 그 남학생도 우리 엄마한테 혼나면서 언니와 마찬가지로 마음의 상처를 입었을지도 몰라요. 여기까지 생각이 미치니 더 속상해지네요. 자기 잘못도 잘 모르고, 자기는 언니를 순수하게 좋아하는데 뭐라고 하니 억울해할 수도 있겠어요. 그러다가 또 다른 여자를 만나 나쁜 짓을 하면 어쩌죠?

아무튼 나는 나중에 남자 친구에게 분명히 말할 거예요. 내가 싫어할 때는 내 몸을 함부로 만지려 하지 말라고. 정말로 사랑한다면 억지로 하려고 하지 않을 테니까 그런 말을 할 필요도 없겠지만 말이에요. 물론 나도 상대방의 몸을 함부로 만져서는 안 된다고 생각해요. 남자든 여자든 '상대방에 대한 배려'라는 사랑의 기본 마음을 가지고 있어야 하니까요.

홈페이지의 글들을 계속 보면서 나는 내 몸을 지키고 다른 사람의 몸을 존중하는 것이 얼마나 중요한지 깨닫게 되었습니다. 반면 상담에 대한 오해는 풀렸습니다. 상담을 통해서 그저 문제를 이야기하는 것이 아니라 소송과 치료, 구제 등 여러 가지 해결 방안에 대해 적극적인 도움을 받을 수 있다는 것도 알게 되었습니다.

좋은 정보를 접하게 되자 마음도 한결 편하게 되었습니다. 저는 남자나 여자나 모두 억지로 섹스를 하지 않고, 억지로 하게 되었다고 해도 현명한 해결 방법을 선택하게 해 달라고 기도했습니다.

11장

잘생긴 사람을
사랑하는 게 나쁜가요?

　나는 어느덧 중학교 1학년 겨울 방학을 마치고 2학년이 되었어요. 곰만 겨울잠을 자는 것이 아니었어요. 나는 긴 잠에서 깬 것 같은 기분이 들었어요. 그 사이 신체적으로도 정신적으로도 많은 변화가 있었지요. 그런데 변하지 않는 것이 있었어요. '보리 오빠'에 대한 호기심! 어쩌면 그게 좋아하는 감정일 수도 있지만, 직접 얼굴 한번 보지 못한 사람을 좋아할 수 있는지는 나도 잘 모르겠어요.

　나는 '헤르메스의 사랑 지식 나눔 사이트'의 앨범 사진에서 나름 '보리 오빠'일 거라고 생각하는 이의 사진을 프린트해서 학교에 가지고 갔습니다. 다른 친구들에게 어떠냐고 물어보기 위해서였습니다. 그 모습을 보고 멋지다, 새로 나온 연예인이냐, 인기 가수와 닮았다 등등 반응이 좋았습니다. 그런데 평소에 저와 사이가 좋지 않던 친구 민혜가 이렇게 말했습니다.

"또 꽃미남 사진이구나? 가만히 보면 넌 꽃미남이라면 사족을 못 쓰더라."

꼭 남자의 외모만 밝히는 이상한 애라는 식의 말로 들렸습니다. 화가 났습니다. 마음이 착하면 좋지만, 이왕이면 잘생긴 사람이 좋은 것 아닌가요? 나는 따졌습니다.

"그러는 너는 꽃미남 싫어하니? 네가 좋아하는 가수도 꽃미남이잖아."

"아니야. 난 그 오빠 착해서 좋아해. 그리고 얼마나 노래도 잘 부르고 말도 멋있게 하는데……. 너처럼 아무 생각 없이 얼굴만 보고 좋아하는 것은 아니라고."

나는 이런 말을 듣자 참을 수 없었습니다. 애들이 말리지 않았으면 싸움이 났을 것입니다. 나중에 화가 가라앉은 다음 속으로 생각해 봤습니다. 제가 정말 사람들의 외모만 보는 그런 아이인가요? 그런 것 같지는 않은데, 친구한테 그렇게 보였다면 나도 모르게 외모와 관련된 말을 많이 했나 봅니다. 한편으로는 외모로 사람을 판단하는 것이 뭐가 잘못이냐는 생각도 들었습니다. 속마음을 알기 전에 사람을 판단할 수 있는 것은 외모뿐이니까요. 동화 『백설공주』를 봐도 그렇잖아요.

왕자는 백설공주에게 청혼을 하기 전에 공주와 제대로 이야기 한번 나눠 보지 않았습니다. 백설공주가 독이 든 사과를 먹고 유리관 속에 누워 있었는데, 그 모습을 본 게 다예요. 그런데도 왕자는 백설공주의 외모에 반해 사랑에 빠지죠. 백설공주도 왕자의 겉모습과 왕자라는 신분만 보고 사랑한 것이고요. 그렇지만 둘은 결혼을 했고, 행복하게 잘 살았다고 하잖아요. 외모로 사람을 판단하는 것이 정말 나쁘다면 이런 동화는 읽히지 말아야 하는 것 아닌가요?

나는 집에 돌아와 '헤르메스의 사랑 지식 나눔 사이트'에 들어가 보았습니다. 그리고 "잘생긴 사람을 사랑하는 게 나쁜가요?"라는 질문을 올렸습니다. 『백설공주』에 대한 내 생각도 함께 적었고요.

그러고 나서 새로운 글들이 뭐가 올라와 있나 살피고 있었습니다. 그런데 채팅 신청이 들어왔습니다. 사이트 운영자였여요. 나는 신청을 받아들였지요. 운영자는 만나서 반갑고, 좋은 질문까지 올려 줘서 고맙다고 했습니다. 그리고 이렇게 물었습니다.

"가입 정보와 자기소개가 좀 다른데 어느 것이 맞나요? 우리 사이트는 19세 미만은 일부 메뉴에 대해 제한하고 있거든요."

아뿔싸! 엄마의 주민 등록 번호로 가입을 해 놓고선 자기소개에는 "10대의 꿈 많은 소녀랍니다." 하고 적어 놓았으니……. 나는 어쩔 줄 몰라 또 거짓말을 하고 말았습니다. 가입 정보가 맞고, 마음이 10대라고 한 것이라고 말이에요. 하지만 곧 들통이 나고 말았습니다. 운영자가 이것저것 물어보는데, 고등학교 시절 인기 있던 연예인 이름이나 엄마 나이 때 있었던 일들에 대한 것은 지어낼 수가 없었거든요.

결국 나는 사실대로 털어놓았습니다. 사랑을 배울 곳을 찾다 이 사이트까지 오게 되었고, 모든 것을 다 알고 싶어서 엄마 주민 등록 번호로 가입을 한 것이라고요. 운영자는 야한 것을 보려고 가입한 건 아니냐고 했고, 나는 절대로 아니라고 대답했습니다.

"만약에 제가 그랬다면 좀 전과 같은 질문을 올렸겠어요?
정말 사랑에 대해서 제대로 알고 싶어서 그런 거예요."

내 진심이 전해졌는지 운영자는 내 실명으로 다시 가입하라
고 타일렀고, 나는 그러겠다고 했습니다. 그리고 운영자는 질문
을 하기 전에 비슷한 내용의 질문과 답변이 있는지 미리 살펴보
라고 했어요. 질문이 겹치지 않도록 말이에요. 그리고 이미 답변
이 될 만한 글을 연결시켜 놓았대요. 원래 이 말을 하려고 채팅
을 신청했는데, 내가 말하는 것이 어린 것 같아서 확인했다고 했
습니다. 그래도 운영자가 나에게 '초딩' 같다거나 '중딩' 같다고
하지 않은 것이 다행이에요. 그런 말을 들으면 이상하게 화가 나
거든요. 사실 중학생인 것은 맞지만 그 말을 들으면 약점을 콕
찍힌 것처럼 느껴집니다.

어쨌든 채팅을 끝내고 보니, 운영자가 말한 대로 내 질문에
는 예전에 이미 올린 답변이 댓글로 달려 있었습니다. 거의 일
년 전에 쓴 글인데, 신기하게도 바로 '보리 오빠'의 글이었어요.
이런게 우연일까요, 운명일까요? 나는 '보리 오빠'의 글을 읽었
습니다.

외모부터 보는 것은 당연하다

ID : 보리 오빠

누구나 자기보다 나은 자식을 낳고 싶어 합니다. 인간은 최근 유전 공
학의 발달로 유전자 지도를 해독하고 이론적으로 최적의 유전자 조합

을 만들어 자기보다 나은 자식을 얻을 수 있는 수준까지 왔습니다.

자기보다 나은 새끼를 낳고 싶어 하는 것은 동물도 인간과 마찬가지입니다. 동물도 상대를 고를 때 유전적으로 우수한 상대를 선택하려고 합니다. 그러나 동물이 자신에게 구애하는 상대의 유전자를 실험실로 보내서 분석할 수는 없지요. 하지만 아주 오래전부터 그래 왔듯이, 암컷은 수컷의 생김새나 행동거지를 보고 얼마나 튼튼한지 짐작할 수 있습니다.

예를 들어 수탉의 볏은 남성 호르몬인 테스토스테론(testosterone)이 있어야 성장합니다. 그러나 테스토스테론은 수탉의 면역 체계를 약화시킵니다. 즉 볏을 키우려면, 수탉은 병에 걸릴 확률이 더 커지는 위험을 무릅써야 합니다. 큰 볏을 갖고서도 면역 체계를 유지해 멀쩡하게 살 수 있다면, 튼튼한 유전자를 가지고 있는 수컷이라 할 수 있습니다. 그래서 암탉은 볏이 큰 수탉을 더 좋아합니다. 그리고 수탉은 암탉 앞에서 볏을 더 돋보이게 하려고 노력합니다.

사람의 경우도 꼭 유전자를 실험실로 보내서 검사를 해야만 하는 것은 아닙니다. 얼굴을 보면 됩니다. 왼쪽과 오른쪽이 대칭인 사람일수록 건강합니다. 즉, 사진을 찍어서 얼굴의 가운데에 있는 코를 중심으로 반으로 접어 겹치는 부분이 많으면 그만큼 건강한 것입니다. 에스파냐 발렌시아대학교 연구팀의 2003년 연구[14]에 따르면, 좌우가 대칭이 잘 될수록 미남으로 보이기 쉽고, 얼굴이 좌우 대칭인 사람일수록 정자가 더 건강하다는 것이 밝혀졌습니다. 사람은 외모가 뛰어나면 다른 능력도 좋을 거라 생각하는 경향이 있습니다. 결국 사람이 잘생긴 외모에 끌리는 것은 능력이 뛰어난 배우자이자 자식의 아버지나 어머니를 정하고자 하는 본능에서 비롯된 것입니다.

남자는 여자의 외모를 볼 때 주로 어디를 볼까요? 예쁜 얼굴도 보고, 가슴도 보고, 엉덩이도 봅니다. 흔히 남자들은 날씬한 몸매를 가지고 있으면서도 가슴도 큰 여자를 바란다고 생각하지요? 하지만 과학적으로 살펴보면 남자들이 선호하는 체형은 따로 있습니다.

미국 텍사스대학교의 데벤드라 싱(Devendra Singh) 교수의 연구[15]에 따르면, 남자는 여자의 골반에 대한 허리둘레의 비율을 따져서 사랑할 만한 사람인지 아닌지를 판단한다고 합니다. 체중이 많이 나가거나 몸집이 크거나 상관없이 남자들에게는 골반에 대한 허리둘레의 비율이 60~70%인 여성이 가장 매력적으로 보입니다. 우리가 매력적이라고 생각하는 미인 대회 입상자나 모델들은 거의 모두 그 비율이 70%인 것을 확인할 수 있습니다. 미인 대회를 보면 신체 사이즈가 대부분 '34-24-34' 인치로 나오는데, 이것은 차례대로 '가슴-허리-골반' 사이즈입니다. 허리와 골반의 비율을 한번 계산해 보세요. 24를 34로 나누면 약 0.7, 즉 70%의 수치가 나온답니다.

왜 하필 이런 비율이 나오느냐고요? 이런 비율일 때 골반이 강조되어 보입니다. 그래서 자식을 낳을 능력도 뛰어나 보이고, 건강하게 보입니다. 마치 수탉의 볏처럼 건강의 표시가 됩니다.

아주 오랜 옛날 우리 조상들은 얼굴만 보고서 사랑을 하지 않았습니다. 자신의 자식을 건강하게 낳을 수 있는지 없는지가 중요한 판단 기준이었습니다. 사춘기가 되면 소녀들이 생리를 시작하지만 엉덩이도 커집니다. 임신을 했을 때 에너지로 쓸 지방을 비축하기 위해서입니다. 그래서 허리는 잘록하고 엉덩이는 더 커 보입니다. 그리고 젊고 건강할수록 이 비율이 60~70%가 됩니다.

정말 신기하지요? 원시 시대부터 지금까지 일일이 유전자를 실험실로 보내서 조사하지 않고서도 남자는 여자의 엉덩이와 허리 비율을 보고 상대방의 건강 상태를 알고 결정을 했다니 말입니다.

여자는 골반에 대한 허리 비율이 60~70%인 사람이 매력적이지만, 남자는 그보다 비율이 큰 80%에서 아예 100%인 남성이 더 매력적으로 보입니다. 거기에 어깨까지 넓다면 점수를 더 얻어 건강하고 매력적인 남자로 뽑힙니다. 왜냐하면 남성 호르몬이 많은 사람은 어깨가 떡 벌어지고 군살이 적거든요.

그러므로 여성분들은 무조건 다이어트를 해서 젓가락처럼 빼빼 마른 몸매를 가지려고 노력할 필요가 없습니다. 체중이나 키가 어떻든 간에 골반에 대한 허리 비율이 60~70%로 보이는 것이 중요합니다. 그렇게 옷을 입거나, 운동을 통해 몸매를 다듬거나, 다른 장식물로 몸매의 약점을 감추면 됩니다.

남녀 모두 앞에서 말씀드린 좌우 대칭의 얼굴이나 매력적인 골반에 대한 허리둘레 비율에 맞는다면 상대방이 첫눈에 반하게 만들 수도 있습니다. 하지만 이렇게 외모만을 보고 선택하는 것이 꼭 행복을 보장하지는 않습니다. 우리는 짝짓기를 해서 자식을 낳고 말면 그만인 동물이 아니니까요. 우리 인간은 오랫동안 관계를 가지면서 함께 사랑을 키워 나가는 존재입니다.

결국 외모를 먼저 보고 잘생긴 사람에게 정열적인 사랑을 느끼는 것은 당연하지만, 진정한 사랑을 하기 위해서는 다른 요소도 고려해야 합니다. 자연적으로 일어나는 것이라고 해서, 그렇게 해도 좋다거나 꼭 그렇게 해야 한다는 것은 아닙니다. 동물 세계에서 힘 있는 동물이 힘 없는 동물을 잡아먹는 것이 자연스러운 일이라고 해서,

이쁜 고양이 대회

154

인간도 그렇게 해도 좋다거나 꼭 그렇게 해야 하는 것이 아니듯 말입니다.

인간에게는 동물 세계의 원리와는 다른 문화와 사회 규범이 있습니다. 그리고 그 안에서 사랑도 이루어집니다. 그것에 대해 충분히 고려하지 않고 그냥 느끼는 대로만 사랑을 한다면, 당사자는 정열적인 사랑이라고 생각할지 모르지만 그저 동물적인 사랑만 하다가 사회의 벽에 부딪쳐 허무하게 끝날 수도 있습니다.

인간은 첫눈에 반한 사랑이 아니더라도 위대한 사랑을 할 수 있습니다. 동화 『미녀와 야수』의 내용을 볼까요? 마음이나 외모 모두 예쁜 처녀인 벨은 아버지 때문에 야수에게 잡혀가게 됩니다. 야수는 정말 한눈에 봐도 끔찍한 외모를 가졌지요. 그러나 결국 사랑으로 야수를 감싸고, 그 덕분에 야수는 마법에서 풀려나 멋진 왕자가 됩니다. 그리고 벨은 야수와 결혼해서 행복하게 살게 되지요.

사랑이 꼭 외모에 반해서만 시작되는 것은 아닙니다. 정신적 교감이 있어도 사랑이 생기게 됩니다. 이렇게 말하니까 꼭 육체적 사랑이 나쁜 것처럼 이해하실 분도 있겠네요. 육체적 사랑만 하면 나쁠 수 있는 것이지, 육체적 사랑 그 자체가 나쁜 것은 절대 아닙니다. 가장 좋은 것은 육체적으로 반하면서 그것을 바탕으로 정신적으로 교류하는 사랑, 육체적으로도 만족스러운 사랑을 하고 그래서 정신적으로도 상대방을 더 아끼는 사랑이겠지요. 결국 육체적 사랑과 정신적 사랑이 따로 가는 것이 아니라 하나로 합쳐져야만 진정한 사랑을 이룰 수 있을 것입니다.

'보리 오빠'의 글은 내가 궁금했던 부분을 잘 풀어 준 답이

었습니다. 나는 예전에 봤던 뭉크의 그림 〈에로스와 프시케〉가
떠올랐습니다. 찬찬히 서로를 살피는 그림 속 주인공을 생각하
면서 '보리 오빠'의 글을 다시 읽었습니다. 육체적 사랑과 정신
적 사랑이 하나로 합쳐져야 진정한 사랑이라는 뭉크의 생각과
'보리 오빠'의 생각이 달라 보이지 않았습니다. 하지만 운영자
가 링크를 걸어 둔 '보리 오빠'의 글에는 다음과 같이 불만 섞인
댓글도 달려 있었어요.

여자에게만 미덕을 강조하면 안 된다

ID : 딸나나마나

'보리 오빠' 님의 글을 보다가 마음에 걸리는 게 있어서 살짝 딴죽을
걸어 봅니다. 왜 여자만 외모의 유혹에 빠지지 않는 것이 미덕인 것처
럼 이야기하시는지요. 제가 여자라서 민감하다고 생각하지 마세요.
님의 글은 남성의 시각에서 썼다는 생각이에요.

님이 다룬 진화론과 관련된 과학적인 글도 그렇지만, 동화도 남성의
시각이 주로 담겨 있는 것 아닌지 의심이 가요. 『미녀와 야수』뿐만 아
니라 『개구리 왕자』도 그래요. 여자는 남자의 흉한 외모를 참고 견뎌
서, 그것으로 자신의 착한 마음을 증명합니다. 그러고 나서야 상으로
사랑을 얻습니다. 그리고 그때 청혼하는 남자는 다 잘생긴 왕자입니
다. 끝까지 잘생긴 외모가 강조되는 것이지요.

만약 백설공주가 못생겼다면 어땠을까요? 죽은 채 난쟁이들에게 둘
러싸인 못생긴 여자에게 왕자가 관심이나 가졌겠습니까? 아마 그냥
지나쳤을 것입니다. 남자 주인공은 여자의 아름다움에 마음이 흔들렸

으면서 여자는 그러지 않기를 바라고 있습니다. 그래야 여자로서 미덕이 있다는 것이지요. 왜 이런 미덕이 꼭 여자에게만 있어야 합니까? 남자에게도 필요한 미덕 아닌가요?

만약 『미녀와 야수』에서 벨이 못생기고 착하기만 했다면 어땠을까요? 야수가 된 왕자를 열심히 보필하는 시녀들처럼 말입니다. 시녀들은 모두 마법에 걸려 모습이 기괴했습니다. 그러니 그냥 평범해도 상대적으로 눈에 뜨일 텐데, 벨은 야수의 마음을 끌 정도로 아름다운 외모를 가졌습니다. 남다른 외모와 마음을 모두 가졌기에 평범한 집안의 딸이 왕자와 결혼할 수 있었다는 식이지요.

이것은 그냥 순수한 사랑 이야기라고 보기에는 문제가 있습니다. '보리 오빠' 님께서 사랑의 좋은 모범이 될 만하다고 칭송할 내용이 아니라고 생각합니다.

차라리 애니메이션 영화인 〈슈렉〉을 예로 들어서 설명하셨더라면 더 좋았을 것입니다. 피오나 공주나 슈렉 모두 서로의 외모를 보고 처음에는 실망하지만, 사랑을 하게 된 다음에는 오히려 그 외모를 더 사랑하게 되었으니까요. 〈슈렉〉 2편을 보면 피오나 공주가 일부러 마법에서 풀려 준수한 외모를 갖추는 것을 막잖아요. 3편에서도 서로의 외모가 문제가 되지 않고요.

잘생긴 사람을 사랑하는 것이 나쁜 건 아닙니다. 하지만 잘생기지 않았다고 해서 사랑하지 않는 것은 나쁩니다. 진정한 사랑의 기회를 스스로 버리는 것일 수 있기 때문이지요. 만약 피오나 공주나 슈렉이 상대방의 못생긴 외모를 보고 무시했다면 어떻게 되었을까요? 둘은 진정 아름다운 내면을 서로 보지 못했을 것입니다. 그리고 행복한 사랑을 경험하지도 못했겠지요. 하지만 둘은 남달리 흉한 외모 너머에 있는 마음을 더 귀중하게 보았습니다. 그리고 정신적으로 사랑하고 육체적으로도 사랑해서 아이를 낳았습니다. 어떤가요? 이렇게 슈렉과 피요나 공주의 사랑 이야기를 통해서야 비로소 '보리 오빠' 님께서 말씀하시는 바가 올바르게 전달될 것 같습니다.

결론적으로 말해, 님이 말한 〈미녀와 야수〉는 적절한 예가 아니라고 생각합니다. 〈슈렉〉 시리즈가 더 적절한 예죠. 언제나 세밀한 것까지 신경을 쓰시는 '보리 오빠' 님답지 않은 글을 봐서 좀 실망했습니다. 제가 드린 말씀도 그냥 비판이 아니라, 자칭 '팬클럽 회장'의 애정 어린 충고로 봐 주시기 바라며 이만 줄입니다.

'딸나마나'가 쓴 글 아래에 '보리 오빠'가 자신의 실수를 깨끗이 인정하는 댓글이 달려 있었습니다. 그런 '보리 오빠'의 모습이 더 멋져 보였습니다. '좀 모자라 보이는' 동갑내기 남자 아이들과는 확실히 다른 멋이 있었습니다.

나는 '보리 오빠'가 우리 오빠였으면 얼마나 든든할까 생각해 보았습니다. 그러다가 서로 싸우는 오누이의 모습이 떠올랐습니다. 차라리 남자 친구가 '보리 오빠'처럼 아는 것도 많고 든든하면 얼마나 좋을까 생각했습니다. 생각을 하면 할수록 점점 '보리 오빠'가 나와 무슨 관련이 있는 사람처럼 느껴졌습니다. 유명한 가수를 자기와 어떻게든 엮어 가며 잘 아는 오빠처럼 이야기하는 애들을 볼 때면 황당했는데, 이제는 내가 그러고 있었습니다.

미운 털이 박히면 뭘 해도 미워 보이고, 눈에 콩깍지가 씌면 뭘 해도 예뻐 보인다고 엄마가 말씀하셨는데, 그 말이 딱 맞나 봅니다. 나는 얼굴도 한번 못 본 보리 오빠가 점점 좋아지고 있었습니다.

12장

사랑하는 사람의 마음을
사로잡을 방법은 없나요?

글을 다 읽고 나가려는데, 접속해 있는 회원 중에 운영자가 아직까지 있는 거예요. 나는 운영자에게 고맙다고 인사를 했어요. 운영자도 자주 놀러 와서 글도 많이 써 달라고 했어요. 나는 똑똑한 분들이 많아서 주눅이 든다고 대답했습니다.

"어렵게 생각하지 말고 그냥 궁금한 것을 솔직히 올리고, 다른 사람이 궁금해하는 것에 대해 자기 생각을 자유롭게 써서 올리면 돼."

운영자는 '보리 오빠'의 글이 특히 똑똑한 느낌을 주기는 하지만, 모든 회원이 꼭 그렇게 써야 하는 것은 아니라고 말했습니다. 운영자의 말을 들으니 용기가 났습니다. 그리고 '보리 오빠' 말이 나온 김에 운영자에게 슬쩍 물어보았습니다.

"'보리 오빠'라는 분을 잘 아세요?"

"우리 사이트의 우수 회원이니까 잘 아는 편이지."

"직접 보신 적은 있으세요?"

"왜?"

"그냥 어떤 분인지 궁금해서요."

"사람들은 어떻게 사이트 운영자인 나보다 '보리 오빠'한테
더 관심이 많냐? 신입 회원과 채팅하면 '보리 오빠' 어떠냐고 꼭
물어보니……. 나는 어떤 사람인지 궁금하지 않고?"

나는 내 마음을 들킨 것 같아 아무 말도 않고 잠자코 있었습
니다. 채팅 창에 운영자의 말이 다시 떴습니다.

"농담이야, 농담. 난 이렇게 썰렁한 농담을 즐기는 사람이
라고. '보리 오빠'는 괜히 심각한 사람이고."

심각한 사람이라는 말에 우울한 표정이 떠올랐습니다. 혹시
내가 멋대로 '보리 오빠'의 모습을 그리고 있는 건 아닐까요? 그
래서 사진은 없는지 물어보았습니다.

"'보리 오빠'는 모임에 나와도 사진을 찍기 싫어해서 사진
한 장 없어. 외모가 별로인 것도 아닌데……. 자기 말로는 신비
주의 전략이라나 뭐라나. 웃기지?"

"네, 재미있는 분이네요."

기운이 빠졌습니다. 사랑에 대해서 고민한다고 하고서는 나
도 외모만 보고 멋져 보이는 사람이 '보리 오빠'일 거라고 추측
했으니 말이에요. 글을 읽고 좋아하게 되었다고 하면서도 나도
마찬가지로 외모에 매달렸던 거예요.

내가 '보리 오빠'라고 생각하고 좋아했던 사람이 이제는 별
로로 느껴졌습니다. 그리고 '보리 오빠'는 어떤 사람일까 더 궁
금해졌습니다. 그러고 보니 정말 외모가 다가 아니라는 말이 맞

는 것 같았습니다. 좋아하는 감정이 생길 때도 이 정도인데, 정말 사랑하게 되면 마음이 얼마나 시시각각으로 바뀔지 모르겠어요. 그래서 사랑하다가 미워하고, 헤어졌다가 다시 만나고 그러나 봐요.

내가 또 잠자코 있자, 운영자가 다시 말을 건넸습니다.

"처음부터 너무 심각한 글만 보면 곧 질리게 돼. 특히 '보리 오빠' 글은 좀 나중에 봐도 되지."

나는 '보리 오빠'의 글이 진지하지만, 그래서 어렵다거나 질린다고 생각하지는 않았어요. 그런데 운영자는 내가 어려서 그런 걸 이해하지 못할 것이라고 생각했나 봅니다. 어른들은 우리를 잘 모릅니다. 우리가 무엇이든 관심만 가진다면 어른들보다도 더 잘 알 수 있다는 것을요.

우리 반의 어떤 남자애는 지질학에 대해서 웬만한 어른보다도 더 잘 알고 있어요. 그 아이가 화산의 원리, 지층과 암석의 종류와 형성 과정 등에 대해 말할 때면 나도 놀라요. 내 짝꿍도 꽃이름만 대면 곧바로 꽃말을 다 맞추고, 꽃말이 만들어진 배경까지 줄줄 외울 정도입니다.

사랑에 대해서도 우리가 그럴 수 있다는 것을 어른들은 모르나 봐요. 어쩌면 사랑은 어른들만 하는 것이라고 생각하는지도 모르죠. 그게 아닌데 말이에요.

운영자는 가장 재미있다고 뽑힌 글이라며 내게 추천해 주면서 이렇게 말했습니다.

"사랑하는 사람의 마음을 사로잡을 비법을 알고 싶지 않니? 회원들이 올린 글을 가지고 가장 그럴듯한 방법이 무엇인지 투

표를 해서 '베스트 3'을 정했지. 읽어 봐! 재미있을 거야."

　나는 운영자가 알려 준 대로 글을 찾았습니다. 그 글은 조회 수가 엄청났습니다. 상대방의 마음을 빼앗고 싶은 사람들이 그만큼 많다는 뜻이겠지요? 이대로 따르면 정말 효과를 볼 수 있을까요? 나는 아빠가 "사랑에는 기술이 필요하다."고 한 말을 떠올리면서 열심히 공책에 옮겨 적었습니다.

사랑을 만드는 비법, 베스트 3

ID : 쥔장

사랑에 대한 지식 중의 지식!!! 그것이 무엇이냐? 바로 상대방의 마음을 확 휘어잡아서 내 사랑으로 만드는 비법이라~ 이 말씀이야. (에헴! 꼭 약장수 같네.)

그래서 이 쥔장은 사랑에 대한 지식 중의 지식을 찾자는 취지로 '헤르메스의 사랑 지식 나눔 사이트' 오픈 1주년 기념으로 지난 열흘 동안 이벤트를 했습니다. 그 결과 세 가지 방법이 최고의 비법으로 뽑혔습니다.

하지만 사실 따지고 보면 상대방의 마음을 휘어잡는 방법은 하나가 아닌가 싶습니다. 그것이 무엇이냐? (다시 약장수가 되었네요. 쩝~) 상대방이 내게 매력을 느끼게 하면 된다 이 말씀입니다.

이벤트에 참여하신 어떤 회원분은 누가 봐도 눈이 확 돌아가는 외모와 남부럽지 않은 능력, 좋은 매너까지 갖추고 있다면 굳이 비법을 쓰지 않아도 된다고 하시더군요. 네, 어쩌면 이런 사람은 그냥 자기가 갖고 있는 매력을 보여 주기만 해도 사랑이 저절로 이루어질 것 같습니다. 하지만 잘 생각해 보세요. 성격 좋고 멋지고 돈 잘 버는 연예인도 사랑을 제대로 만들지 못하거나 심지어는 상대방에게 차여 상처를 받았다고 고백하지 않나요?

구슬이 서 말이라도 꿰어야 보배! 매력이 아무리 많은 사람이라도 비법을 알아야 합니다. 그리고 다른 사람보다 매력이 좀 떨어지는 사람이라면 더욱 더 비법을 알아야 합니다. 지금부터 나오는 '사랑의 콩깍지 씌우는 비법'을 꼭 써 보시고, 그 결과를 올려 주세요. 매일 고민 상담만 올리지 마시고요.

1) 상대방의 눈을 맞춰라

눈은 '마음의 창'(窓, 창문)이라는 말이 있지요. 그런데 눈은 '마음의 창'(槍, 뾰족한 쇠 촉이 박힌 긴 나무 자루)이기도 합니다. 다른 사람의 마음속 깊이 자신의 매력을 박아 넣고 싶다면 상대방의 눈을 보시면 됩니다. 왜냐고요? 상대방의 눈을 보고 있으면 자동적으로 그 사람의 뇌는 반응해서 나에게 집중하니까요.

눈을 마주치면 상대방의 뇌는 페닐에틸아민을 방출합니다. 페닐에틸아민은 일명 '사랑의 묘약'이지요. 페닐에틸아민이 분비되면 심장은 고동치고, 손은 땀으로 젖고, 모든 것이 재미있게 느껴집니다. 그렇습니다. 페닐에틸아민은 사랑에 빠졌을 때 경험하게 되는 전형적인 신체적 반응, 즉 '가슴 떨리는 사랑'을 만들어 냅니다.

이것은 1989년 미국의 캘러먼(Kellerman) 박사의 실험[16]에서도 증명되었습니다. 캘러먼 박사 연구팀은 전혀 관련이 없는 남녀 48명을 모집해서 두 명씩 짝을 지웠습니다. 그리고 커플이 된 사람들을 두 집단으로 나눠, 한 집단에는 상대방의 눈을 2분 동안 보도록 지시하고 다른 집단에는 특별한 지시를 하지 않았습니다. 그 결과 2분 동안 낯선 이성을 쳐다본 사람은 그렇지 않은 사람보다 상대방에 대해서 더 큰 호감을 느낀 것으로 나타났습니다. 아무 관련이 없던 사람인데도 말이에요.

이러한 눈 맞춤 효과는 미국 하버드대학교 심리학과의 직 루빈 교수의 연구[17]에서도 확인할 수 있습니다. 루빈 교수는 사랑에 빠진 사람들에게서 보이는 공통된 행동이 없나 유심히 관찰했습니다. 그 결과 연인들이 서로 눈을 맞추고 이야기하는 것에 주목하게 되었습니다. 보통 사랑하는 사람은 이야기가 끝난 다음에도 상대방에게서 눈을 떼지 않았습니다. 루빈 교수는 이러한 행동이 사랑에 어떤 영향을 주지 않을까 생각했습니다.

루빈 교수는 설문을 하겠다며 연인들을 모집했습니다. 그리고 그들이 대기실에 있을 때 몰래 카메라로 촬영했습니다. 사실 루빈 교수의 연구 목적은 설문 조사만이 아니었죠. 루빈 교수는 연인들이 기다리는 시간에 서로 이야기하면서 얼마나 오랫동안 눈을 맞추고 있는지 측정했습니다. 그랬더니 오랫동안 눈을 마주친 연인일수록 설문 조사에서도 더 많이 사랑하고 있는 것으로 나타났습니다.

직 루빈 교수는 상대방과 함께 있는 시간의 75% 정도 계속 눈을 맞춘다면 페닐에틸아민의 분비를 증가시켜 사랑의 감정을 불러일으킬 수 있을 것이라고 주장했습니다.

하지만 사람들은 하룻동안 많은 사람을 만나 엄청난 이야기를 쏟아놓는데도 보통 사랑에 빠지지 않습니다. 왜 그럴까요? 이유는 간단합니다. 사람들은 자기 이야기를 열심히 하다가 동의를 구할 때나 마지막 말을 내뱉을 때만 상대방의 눈을 쳐다봅니다. 직 루빈 교수가 말한

75%의 시간보다 적은 시간 동안 상대방을 보는 것이지요. 그러니 상대방의 마음을 사로잡고 싶다면 상대방과 눈을 맞추십시오. 사랑해서 눈을 맞추는 것이 아니라, 사랑하는 사람들이 하듯이 눈을 맞추면 정말 사랑하게 됩니다.

물론 상대방이 나를 싫어하는데 빤히 쳐다보기만 한다면 예의 없는 사람으로 찍힐 수 있습니다. 그러니 비빌 언덕이 보일 때 용기를 내서 눈을 맞추세요. 사랑의 감정이 싹틀 것입니다.

한번 들어 본 말이 나오니 반가웠습니다. 페닐에틸아민은 사랑이 왜 변하는지 궁금할 때 찾아 읽은 글에서 나왔고, 직 루빈 교수도 예전에 사랑과 우정의 차이에 대한 글을 읽었을 때 본 기억이 났습니다.

2) 사랑 고백을 하려면 특별한 날은 피해라

흔히 밸런타인데이나 화이트데이에 상대방에게 사랑을 고백하는 것을 낭만적이라고 생각합니다. 하지만 만약 처음으로 사랑을 고백하는 것이라면 특별한 날은 피해야 합니다.

미국 캘리포니아대학교 심리학과의 낸시 콜린스(Nancy Collins) 교수는 밸런타인데이나 화이트데이처럼 상업적으로 기획된 날에 낭만적인 사랑을 고백하지 말라고 충고합니다. 왜냐하면 '특별한 날'이 되면 상대방이 이미 뭔가를 기대하고 있기 때문에 사랑 고백을 해도 당연한 것으로 받아들여 효과가 떨어지기 때문입니다.

밸런타인데이의 풍경을 머릿속에 떠올려 보세요. 사랑을 고백하는 사람이나 받는 사람이나 모두 어떤 일이 일어날지 기대하고 그날에 맞는 행동을 해야 한다는 의무감을 더 많이 느끼지 않나요? 남보다 더 좋은 선물을 주고, 더 달콤한 시간을 보내기 위해서 많은 노력을 합니다. 하지만 그 노력에 비해서 효과는 별로입니다.

예상치 못한 순간에 예상치 못한 것을 주고받아야 선물의 효과가 있잖아요. 그런데 그날은 워낙 흥청망청하는 분위기라 웬만한 것은 눈에 들어오지도 않지요. 평범한 날엔 몇천 원밖에 하지 않는 휴대폰 줄 하나를 선물로 주어도 감동할지 모르지만, 밸런타인데이나 생일날 휴대폰 줄을 선물로 주면 '겨우 이 정도야?' 하고 생각할 겁니다.

파티도 깜짝 파티가 더 감동적인 법입니다. 충분히 예상하고 있는 순간에 사랑 고백을 한다면 효과가 작을 수밖에 없지요. 더구나 밸런타인데이처럼 특별한 날엔 미디어나 기업에서 분위기를 한껏 띄워 기대를 더 부풀게 하잖아요. 한창 기대에 부푼 상대방이 기대했던 것보다 못한 고백이나 선물을 받으면 실망하기 쉽습니다. 이렇게 되면 고백하면서 선물을 준 사람도 기분이 나쁘지요. 그래서 특별한 날에 아주 '특별하게' 싸우고 더는 안 만나게 되는 사람도 생깁니다.

확률적으로 생각해 보세요. 특별한 날에는 비슷한 시간에 사랑 고백을 하는 사람이 많아 다른 사람과 비교당하기 십상입니다. 다른 사람과 비교했을 때 최고의 것을 해 주지 않는 한 상대방은 겉으로는 좋다고 해도 속으로는 실망하기 쉽지요. '내 친구는 저걸 받았는데, 그 애보다 여러모로 나은 내가 이게 뭐야.'라고 생각할지도 모릅니다. 둘 사이를 특별하게 만들려고 고백하는 것인데, 굳이 다른 사람들보다 못해 보일 확률이 높은 날을 선택할 이유가 무엇입니까?

부디 특별한 날에 고백을 하기보다는 평범한 날에 고백해서 그날을 '둘 만의 특별한 날'로 만드는 지혜를 발휘하세요. 그렇다고 해서 고백하는 날을 일부러 특별한 날이 지난 다음에 잡지는 마세요. 뭘 해도 마지못해 뒷북을 치는 것이 되니까 말이죠.

상대방이 생각조차 하지 않을 때 선수를 치세요. 감동은 감동대로 주고받으면서 당신은 매력덩어리가 될 것입니다. 그래서 나중에 많은 사람들이 챙기는 특별한 날에 큰 이벤트를 하지 않아도 더 여유롭고 낭만적으로 둘이 함께 시간을 보낼 수 있고, 또 그것만으로도 사랑을 키울 수 있을 것입니다.

나는 웃음이 나왔어요. 아닌 게 아니라 내 친구 중에도 화이트데이 때 다투고 나서 헤어진 아이가 있거든요. 자기가 밸런타인데이 때 준 선물보다 더 작은 것을 받아 실망했는데, 결국 자기보다 작은 선물을 주고도 큰 선물을 받은 다른 친구 이야기를 꺼내는 바람에 다투게 되었다고 하더라고요. 말을 할수록 선물을 주고받은 마음보다는 선물의 크기와 값을 따지게 되더래요. 특별한 날 잘하려고 한 건데 오히려 헤어지게 되었으니, 웃기면서도 슬픈 이야기지요.

3) 흥분할 수 있는 곳에 가라

사랑해서 가슴 떨리는 게 아니라 가슴을 떨리게 해서 사랑하게 할 수도 있습니다. 특히 만난 지 얼마 안 되었을 때는 신체적 각성이 사랑을 느끼게 하는 데 아주 중요한 역할을 합니다. 캐나다 브리티시컬럼비아대학교 심리학과의 도널드 더튼(Donald Dutton) 박사와 아서 아

론(Arthur Aron) 박사는 1974년에 유명한 '카필라노 흔들다리 실험'
으로 이 사실을 증명했습니다.

캐나다 밴쿠버 근처의 카필라노 강에는 두 개의 다리가 있습니다. 하
나는 흔들다리고, 다른 하나는 나무다리지요. 흔들다리는 계속 흔들
리고 난간이 충분히 높지 않아 사람들은 그 다리를 건널 때 무서움을
느끼게 됩니다. 게다가 길이가 135미터나 되니 다리를 건너는 사람
들에게는 영화 〈인디아나 존스〉의 한 장면을 떠올리게 할 정도입니
다. 그에 비해 나무다리는 얕은 물 위에 있고 고작 3미터밖에 안 되는
데다가 튼튼합니다. 그래서 건너는 사람이 공포감을 느끼지 않지요.
아론 박사와 더튼 박사 연구팀은 매력적인 젊은 여자를 실험에 참가
시켜, 각각 두 다리를 건너온 남자들에게 설문을 받게 했지요. 물론
젊은 여자도 이 실험의 진짜 목적이 무엇인지 모르게 했고요. 그저
'아름다운 풍경이 창조적인 표현에 미치는 영향'을 설문으로 조사하
는 일인 것으로만 알고 있었습니다. 연구팀은 젊은 여자에게, 남자들
이 다리를 건너오면 자신들이 일러 준 대로 실험 목적을 이야기하고
설문지를 주라고 했습니다. 그리고 남자들이 설문지를 모두 작성하고
나면 "설문에 응해 준 데 감사하며 설문 결과가 궁금하면 연락하라."
고 말하면서 이름과 전화번호를 적어 주라고 시켰습니다.

왜 이런 실험을 했는지 눈치 채셨나요? 하나는 신체적 각성이 될 수
밖에 없는 조건(흔들다리), 다른 하나는 별로 각성될 일이 없는 조건(나
무다리)이었지요. 두 조건 모두 똑같은 여자가 설문 조사를 했다는 사
실을 잊지 마세요.

두둥~. 그렇다면 실험 결과는 어땠을까요? 나중에 설문 결과가 궁금
하다며 전화를 한 사람의 수는 흔들다리를 건넌 남자들이 나무다리를

건넌 남자들보다 8배나 더 많았습니다. 즉, 신체적으로 흥분할 수 있는 조건에서 이성에게 더 많은 호감을 느꼈던 것이지요.

이를 두고 정말로 설문 조사 결과가 궁금해서 전화를 했기 때문에 생긴 결과라고 반론을 내놓을 수도 있습니다. 그렇지만 그 연구팀은 조건을 바꿔서 젊은 여자 대신에 남자에게 설문 조사를 시키는 것으로도 실험을 해 봤습니다. 이번에는 몇 명이나 전화를 했을까요? 답은 '0'입니다. 실험에 참가한 남자들 중에서 전화를 건 사람은 아무도 없었습니다. 매력적인 젊은 여성일 때 흔들다리 쪽이 나무다리 쪽에 비해서 8배나 많았던 것과는 아주 다른 결과입니다.

자, 이제 아셨지요? 정말 마음에 드는 상대가 있다면 상대를 흥분시킬 수 있는 곳으로 가세요. 놀이 공원에 가서 바이킹을 타는 것도 좋습니다. 운동을 함께 하는 것도 좋고요. 상대방은 당신을 매력적인 사람으로 볼 것입니다. 무섭다고 빼거나 먼저 지쳐 상대방에게 실망을 안겨 주지만 않는다면, 사랑의 여신은 여러분 편이 될 것입니다.

언젠가 언니하고 같이 연예 프로그램을 보는데, 결혼한 연예인 커플이 운동을 함께 하면서 친해졌다는 내용이 나왔어요. 그때 언니는 수수해 보이니까 이미지 관리 차원에서 괜히 그러는 거라고 말했어요. 언니는 격한 운동을 하면 둘 다 지쳐서 깔끔한 모습과는 거리가 멀어질테니 서로 좋은 감정이 들지 않을 것 같다고 했습니다. 하지만 이 글을 읽고 나니, 그럴 수도 있겠다 싶었어요. 운영자는 세 가지 비법 뒤에 자기 생각을 덧붙였습니다.

아시지요? 이런 비법도 먼저 사랑하는 마음이 있어야 효력을 발휘할 수 있다는 거요. 사랑하지도 않는데, 그냥 장난처럼 하면 효과가 하나도 없답니다. 앞에서 말씀드린 비법들은 투표를 통해 뽑은 것이지만, 꼭 미끼를 던지고 낚시를 하는 것처럼 느껴지는 내용도 있어 운영자로서 마음이 편하지 않습니다. 그래서 마지막으로, 제가 실제로 해 본 결과 가장 효과적이었던 다른 비법을 덧붙여 봅니다.

심리학에는 사교 교환(social exchange) 이론이라는 것이 있습니다. 이 이론에 따르면, 사람들은 어떤 것을 선택하든지 그것을 통해 얻을 수 있는 보상은 되도록 많이 얻으려 하고 부정적인 처벌은 피해서 최소화하려고 합니다. 사실 다 그렇지 않나요? 운동선수가 고통스러운 것을 참아 가면서 몸을 단련하는 것도 결국 그것이 성공으로 보상이 되기 때문에 그러는 거잖아요. 진짜 고통스러운 것만이 전부라면 어떻게든지 피하려고 하겠지요.

아무튼 사람들은 인간관계에서도 고통은 적게 받고 보상은 많이 받을 수 있는 사람에게 더 매력을 느낀답니다. 그래서 흔히 편하게 살 수 있겠다 싶은 돈 많은 사람을 좋아하기도 하지요. 그렇다고 돈 많이 버는 것이 제가 말하려는 비법은 아닙니다.

제가 제안하는 비법은 바로 '상대방의 약점 감싸 주기'입니다. 사람들은 자신 있는 일에 남의 도움을 받는 것을 좋아할까요, 아니면 자기가 부족하다고 생각해서 불안하게 느끼는 일에 도움을 받는 것을 좋아할까요? 물론 자기가 부족한 부분이겠지요.

예를 들어 어떤 여자가 다른 사람에게 아름답다는 칭찬을 받는다고 합시다. "칭찬은 고래도 춤추게 한다."는 말이 있을 정도로 칭찬의 힘은 아주 대단하지요. 하지만 그렇다고 칭찬이 모든 경우에 다 통하는 것은 아닙니다. 전문직에 종사하는 그 여자는 혹시 자기가 일처리 능력이 떨어져서 외모만 칭찬하는 건 아닌가 생각할 수도 있지요. 그런 경우에 외모에 대한 칭찬은 오히려 실망을 느끼게 할 수 있습니다. 그 대신 그 여자가 불안해하고 있는 일처리 능력을 칭찬한다면 기뻐하며 그 사람에게 마음의 문을 열 것입니다.

사랑으로 가는 지름길은 바로 상대방의 입장에서 약점을 느끼는 것입니다. 그리고 그것을 감싸 주고 그 부분을 칭찬하거나 더 나아질 수 있도록 하는 것입니다. 약점을 장점으로 만드는 오묘한 힘, 그게 바로 사랑 아니겠습니까!

여러분도 자신의 장단점을 잘 알아야 합니다. 그래야 내 단점을 감싸 줄 줄 아는 사람을 만날 수 있게 되겠죠. 그렇다고 가벼운 아첨꾼을 애인으로 두라는 것은 아닙니다. 평생 내게 도움이 되는 진정한 사랑을 주는 사람을 애인으로 두기 위해서는 내 약점을 상대방이 어떻게 감싸는지 알아야 할 거예요.

그리고 자신의 약점을 발견했다면 그냥 내버려 두지 마세요. 마냥 내 진정한 사랑이 감싸 줄 거라고만 생각한다면, 상대가 힘들지 않겠어요? 더 나아질 수 있도록 스스로 노력하는 것이 올바른 사랑의 태도일 거예요. 여러분이 노력하는 모습을 보면서 상대방도 더 여러분을 사랑할 것입니다. 이렇게 보면 약점이 사랑을 망치는 나쁜 독이 아니라, 오히려 사랑을 넓혀 주고 깊게 해 주는 소중한 선물 같네요. 정말 사랑은 오묘한 거예요.

정신분석학자이자 심리학자인 칼 구스타프 융(Carl Gustav Jung)은 "사랑의 문제는 경험할수록 점점 더 높이 솟아오르는 거대한 산처럼 여겨진다."고 했습니다. 정말 사랑에 대해서 어느 하나를 알게 되면 다른 세계가 또 열리는 기분이 듭니다.

이로써 사이트 개설 1주년 기념 이벤트를 끝마칩니다. 내년에는 더 멋진 이벤트로 찾아뵐 것을 약속드립니다. 지금까지 긴 글 읽어 주셔서 감사합니다.

어느 하나를 알게 되면 또 다른 세계가 열리는 사랑. 나는 그런 사랑을 빨리 하고 싶어졌습니다. 사랑에 대해서 예전보다 많이 알게 된 것은 사실이지만, 직접 사랑을 하지 않고서는 그것을 제대로 느낄 수 없을 테니 말입니다. 내 사랑은 어디에 있을까요? '보리 오빠'가 될 수도 있겠고, 아니면 전혀 예상할 수도 없는 사람이 내 사랑이 될 수도 있을 겁니다.

'그래, 난 잘 몰라.'

나는 속으로 이렇게 되뇌었습니다. 처음에는 약간 짜증이 섞인 목소리로 시작했습니다. 하지만 점점 낮은 소리로 진지하게 말하게 되었습니다. 그러자 다른 생각이 들기 시작했습니다. 잘 모르니까 되는 대로 달려들어서는 안 되지요. 이와 관련해 아픈 경험이 떠올랐습니다. 어렸을 때 나는 다른 애들처럼 피아노 연주회에 나가겠다고 떼를 쓰다가 아빠에게 크게 꾸중을 들었지요.

"모든 일에는 준비가 필요해. 다른 애들은 모두 제 나름대로 준비했으니까 연주회에 나가는 거야. 그래서 사람들한테 칭찬을 받고 격려를 받겠지. 그런데 너는 학원 빠지고 싶을 때 다

빠지고 연습도 제대로 안 했으면서 어떻게 연주회에 나가겠다는 거니? 네 연주를 듣고 사람들이 뭐라고 하겠니? 무조건 떼만 쓰지 말고, 열심히 준비해서 다음에 나가도록 해."

나는 속상해서 울었지만, 아빠 말이 맞았어요. 내가 준비를 하지 않은 건 사실이었으니까요. 나는 결국 열심히 연습해서 다음 연주회에 나갔답니다.

만약 내가 사랑하는 사람이 생겼다고 집을 나가거나 내 멋대로 행동한다면, 피아노 연습도 제대로 하지 않고서 무대에 나가겠다고 떼쓰는 것이나 마찬가지겠지요. 아빠가 전에 말한 것처럼, 진정한 사랑을 하려면 그에 맞는 지식과 준비가 필요한 거예요.

나는 마음이 한결 편안해졌습니다. 사실 다른 아이들이 남자 친구와 있었던 일을 자랑삼아 얘기하면 질투를 느꼈거든요. 나만 뒤처지는 것 같고, 매력이 없어서 아무도 나를 안 좋아하는가 싶어 슬프기도 했어요. 하지만 사랑이 무엇인지 나는 이제 조금이나마 알게 되었어요. 그리고 앞으로도 사랑에 대해서 더 많이 알고 느끼도록 할 거예요. 최선을 다해 진정한 사랑을 준비할 것입니다. 아주 멋지게 말이에요.

이 책은 아름다운 사랑 이야기를 듬뿍 담고 있다. 그러나 집필을 시작할 때 마음은 편하지 않았다. 슬픔과 분노, 안타까움과 부끄러움에서 출발했다. 신문 지면을 심심치 않게 채우는 청소년들의 성폭행 사건, 성 매매 사건, 리틀 맘 문제 등을 볼 때마다, 가해자건 피해자건 상처를 안고 살아가야 하는 아이들의 마음이 보여 괴로웠다. 그리고 그것에 대해 제대로 이야기하지 못하는 기성세대의 한 사람으로서 부끄러웠다.

어린 시절 나는 여느 남자아이처럼 성에 대해서 잘 아는 줄 알았고, 친구들과 야한 영화를 보거나 야한 사진을 찾으며 자랐다. 대학교 때는 첫사랑이라고 주장하는 여자를 만났고, 8년 연애 끝에 결혼했다. 사랑에 무지했으면서도 결혼을 했고, 그 뒤 두 딸을 두게 되었다. 두 딸은 지금 한창 사랑과 성에 민감한 때인 사춘기를 보내고 있다.

나는 좋은 작가가 되기 이전에 세상의 지혜에 열린 마음을 가진 좋은 독자이고 싶다. 그리고 내 딸들도 책 속에서 삶의 지혜를 얻기 바란다. 나는 혹시나 내 자식들이 잘못된 선택으로 고통받는 일이 생길까 염려하여, 미리 삶의 여러 문제에 대해 생각해 볼 수 있는 책을 골라 넌지시 건네주는 그런 아빠다. 최근에는 성에 관련해 읽을 만한 책을 골라 보았다. 그런데 마음에 차는 책이 드물었다. 성을 우주의 관점에서 출발하여 살펴보는 린 마굴리스(Lynn Margulis)와 도리언 세이건(Dorion Sagan)이 지은 『섹스란 무엇인가?』(What is sex?)가 그나마 가장 나은 책이었다.

성교육 책들은 주로 피임법이나 위생 관리에 가까운 내용이 많았다. 사랑에 대한 성찰에서 시작하거나 청소년들에게 제대로 행복한 사랑을 가꾸는 법을 알려 주는 책이 없었다. 내 딸들이 생리를 시작할 때쯤, 내 조카들이 몽정이나 자위를 시작할 때쯤, 즉 그 복잡 미묘한 순간에 읽힐 만한 심리학적 내용을 담은 책이 없다는 것이 크게 아쉬웠다. 심리학만큼 사랑과 성에 대해 잘 알려 주는 분야가 없을 텐데도 말이다.

결국 오늘날에는 사랑과 성이 많이 개방되었지만, 정작 사랑과 성에 대해서 생각을 다듬을 수 있는 책은 내가 어릴 적이나 마찬가지로 드물다. 게다가 요즘 아이들은 길거리에 나도는 전단지나 인터넷을 통해 '더러운 성'이나 '돈을 통한 성'을 먼저 알게 되니, 내가 어렸을 때보다 더 상황이 안 좋아졌다고 할 수도 있겠다.

사실 결혼한 사람도 사랑이나 성에 대해 자신 있게 말하기 힘들다. 아이들이 이해할 수 있게 말하는 것은 더욱 힘든 문제다. 사람들이 '하이브리드형' 작가라 불러 주는 나에게도 버거운 주제인 사랑! 사실 피하고 싶었다. 게다가 에리히 프롬(Erich Fromm)이라는 걸출한 철학자가 쉽고 간결한 문체로 쓴 『사랑의 기술』(The art of loving)이라는 책이 두루 읽히고 있으니 새삼 뭘

가를 덧붙이고 싶지 않았다. 그런데 그 책을 제대로 읽는 아이가 많지 않다는 것이 문제였다. 논술 추천 도서 목록에 올라 있어 머리로만 대충 읽거나, 요약 정리된 것을 훑어보는 형편이다. 그런 식으로 얕게 독서를 아무리 하면 좋은 책도 제 역할을 할 수 없게 된다.

나는 이 책을 교양 도서 작가이기 이전에 아빠의 마음으로 썼다. 내 딸과 딸의 남자 친구에게 건강한 사랑과 성에 대해 이야기해 주고 싶은 마음을 담았다. 삶의 가장 중요한 문제 가운데 하나인 사랑을 더욱 풍성하고 아름답게 가꾸는 데 유용한 정보를 주고 싶었다. 그리고 사랑은 그저 감정만으로 하는 것이 아니라 특별한 노력이 필요하다는 것을 알려 주고 싶었다.

이 책은 '사랑과 성'에 대한 안내서이며, 문제가 생겼을 때 점검 매뉴얼이 될 수 있도록 기획했다. 또한 지워지지 않을 상처를 피해 갈 수 있는 예방 책자가 되기를 무엇보다 바란다.

여성 독자의 경우, '사랑이라는 이름으로' 섹스를 요구하는 남자에게 속아서 순결을 잃거나, 호기심에 섹스를 하고 후회하거나, 잘못된 정보에 의해서 병에 걸리는 일을 예방하고 싶었다. 또 아기를 가져서 낙태를 하거나, 아기를 낳더라도 보육 기관이나 입양 기관에 맡기거나, 아니면 아기를 기르며 소녀 가장으로 힘든 삶을 살게 되는 것을 예방하고 싶었다.

남성 독자의 경우도 마찬가지다. "너는 아직 그런 것도 못해 보았느냐?"는 친구들의 말에 자극을 받아 동정을 잃거나, 여자아이를 '사랑이라는 이름으로' 꼬여서 순결을 빼앗거나, 아기를 낳는 것을 보지 않고 임신한 여자아이를 버리거나, 아기를 키우며 소년 가장으로 힘든 삶을 살게 되는 것을 예방하고 싶었다.

모든 인생사가 그렇듯 사랑이나 성도 겪어 보면 조금은 알게 된다. 하지만 때때로 준비되지 않은 경험은 몸과 마음에 큰 상처를 남긴다. 그래서 언젠가 진짜 사랑이 나타났을 때 그 상처가 되살아나 잘 받아들이지 못하고 피하게 될 수도 있다.

이런 일을 이미 겪은 사람이라면 전문적인 상담을 꼭 받으라고 권하고 싶다. 우선은 빠른 치유책으로 책이나 음악, 미술로 달랠 수도 있겠다. 그러나 상담은 꼭 받기를 내 딸과 조카들을 위하는 마음으로 상처받은 사람들에게 권한다.

우리는 성장에 있어서는 언제나 초보자이고, 사랑에 대해서는 매번 연약한 존재가 될 수밖에 없다. 그렇다면 어른들도 아이와 함께 읽을 수 있겠다. 그래서 나는 이 책을 어른과 아이가 함께 볼 수 있는 책으로 생각하고 만들었다. 이 책에 나오는 이론이나 생각만이 정답은 아니다. 학자건 일반인이건 간에 사랑에 대한 생각은 사람마다 다를 수밖에 없다. 그렇지만 사랑에 대한 간절함, 즉 인간적 삶에 대한 절실함은 다를 수가 없다. 되도록 나는 가장 간절한 이야기만을 추리려고 했다.

상처 없는 사랑은 없다. 그러나 일부러 상처를 받을 필요도 없다. 독자 여러분들이 더없는 사랑을 하기 바라며 이 책을 세상에 보낸다. 부디 사랑하고 행복해하며 자기 인생의 주인이 되기를……

2010년 3월 1일
이남석

주

1) Rubin, Z. (1973), *Liking and loving: an invitation to Social Psychology.* Holt Rinehart & Winston. 이 책에 나온 직 루빈 박사의 이론을 요약하여 새롭게 글을 구성했음.

2) 로버트 스턴버그 지음, 이상원 옮김(2002), 『사랑은 어떻게 시작하여 사라지는 가』, 사군자. 이 책에 소개된 로버트 스턴버그의 '사랑의 삼각형 이론'을 요약한 내용임.

3) 베르나르 샹피뇰르 지음, 김숙 옮김(2003), 『로댕』, 시공사.

4) Lee, A. J. (1976), *The colors of love.* Prentice-Hall.

5) 로버트 스턴버그 지음, 이상원 옮김(2002), 앞의 책. 사랑의 종류를 제시한 표는 이 책 45쪽에 있는 것임.

6) 데이비드 레이스(David Reiss)는 '사랑의 수레바퀴 이론'을 주장했다.

7) 에리히 프롬 지음, 황문수 옮김(2006), 『사랑의 기술』, 문예출판사. 166쪽에서 인용했음.

8) 페터 라우스터 지음, 전영애 옮김(1999), 『사랑에 대하여』, 아침나라.

9) 로버트 스턴버그의 앞의 책 130쪽에 나온 내용, 곧 외설 영화와 동화가 사랑을 왜곡한다고 지적한 부분을 토대로 이 책에 맞게 내용을 변형시켜 새롭게 구성했음.

10) 필립 맥그로 지음, 서현정 옮김(2007), 『똑똑하게 사랑하라』, 시공사.

11) 러셀 바노이 지음, 황경식 옮김(2003), 『사랑이 없는 성』, 철학과현실사.

12) Masters, W.H. & Johnson, V.E. (1966). *Human Sexual Response,* Bantam Books.

13) 노먼 도이지 지음, 김미선 옮김(2008), 『기억을 부르는 뇌』, 지호출판사. 이 책 4
장에서 주장한 내용을 새롭게 구성했음.

14) Soler, C., Nunez, M., Gutierrez, R., Nunez, J., Medina, P., Sancho, M., Alvarez
J. & Nunez. A. (2003), Facial attractiveness in men provides clues to semen
quality, *Evolution and Human Behavior*, vol. 24, issue 3, pp. 199~207.

15) Singh, D. & Young, R. (1995), Body weight, waist-to-hip ratio, breasts, and
hips: Role in judgments of female attractiveness and desirability for relation-
ships, *Ethology and Sociobiology*, 16: pp. 483~507.

16) Kellerman, J., Lewis, J., & Laird, J. D. (1989), Looking and loving: The effects
of mutual gaze on feelings of romantic love, *Journal of Research in
Personality*, 23, pp. 145~161.

17) Rubin, Z. (1970), Measurement of Romantic Love, *Journal of Personality and
Social Psychology*, 16, pp. 265~273.